ORTIZ BELO DE SOUZA

EXU

A MÃO ESQUERDA DO CRIADOR

ANUBIS

Revisão:
Rosemarie Giudilli

Projeto gráfico e capa:
Edinei Gonçalves

Apoio cultural:
Rádio Sensorial FM web
www.sensorialfm.com.br

Dados Internacionais de Catalogação na Publicação (CIP)
Agência Brasileira do ISBN - Bibliotecária Priscila Pena Machado CRB-7/6971

S729 Souza, Ortiz Belo de.
Exu a mão esquerda do criador / Ortiz Belo de Souza. -- São Paulo : Anubis, 2024.
144 p. ; 23 cm.

ISBN 978-65-88661-07-9

1. Umbanda. 2. Religião afro-brasileira. 3. Exu (Orixá). 4. Orixás. I. Título.

CDD 299.672

São Paulo/SP – República Federativa do Brasil
Printed in Brazil – Impresso no Brasil

Este livro segue as novas regras do Acordo Ortográfico da Língua Portuguesa.

Distribuição exclusiva
Aquaroli Books
Rua Curupá, 628 – Vila Formosa
São Paulo/SP – CEP 03355-010
atendimento@aquarolibooks.com.br

Sumário

Exu, senhor dos caminhos, esteja sempre
me amparando e ensinando,
Mestre da Magia da Noite
eu saúdo seu Poder
que em seu Tempo
e em todo Tempo
eu seja amparado,
desde o início dos Tempos
até o fim dos Tempos,
esteja ao meu lado!
Salve o Alto, O Embaixo, a Direita e a Esquerda!
Laroyê Exu Mangueira

Introdução

Teorias sobre a espiritualidade mexem com o imaginário do ser humano desde tempos remotos. Este trabalho vem para revelar mais uma teoria que poderá mudar sua visão sobre algumas questões da espiritualidade, e, talvez, mudar sua vida.

A religião de Umbanda é rica em suas liturgias, em fundamentos e ensinamentos, e, nesse sentido a obra *Exu – A Mão Esquerda do Criador* vem abrilhantar os conceitos deste importante seguimento espiritual. Quando citamos a Esquerda da religião a responsabilidade aumenta ainda mais.

A sociedade, assim também os religiosos necessitam de informações que realmente ensinem o que é Exu, o que é a força da Esquerda. O Poder do Criador colocado de maneira que todos poderão entender e aplicar em sua vida espiritual, quebrando os conceitos errôneos e fundamentando em sua vida uma força que trará prosperidade, equilíbrio, evolução, felicidade e paz!

Bases sólidas provenientes de anos de trabalho, respeitando a tradição vinda através de nossos ancestrais espirituais desmistificando o que é a Esquerda da Umbanda, entendendo a Cruz da Criação em uma visão de gênese e hierarquia espirituais nunca escritas em obras literárias.

Assim é este trabalho que vem dar ao médium de Umbanda o que ele sempre teve, mas ainda estava oculto em sua vida como religioso.

Tenham uma boa leitura, e que as nossas forças de Esquerda se levantem de maneira elevada em nossa existência, assim concluiremos esta fase humana encarnada e amparada sabedores que através da correta compreensão fizemos nossa parte!

Ortiz Belo de Souza

Mediunidade e Conceito

Mediunidade e Conceito caminham juntos em relação à espiritualidade, em relação à vida; mente e espírito formam o que se transforma o indivíduo. A fragilidade pode estar no conceito, na forma em que se acredita em algo, na maneira que se cultua ou como as práticas ritualísticas acontecem. O meio determina o ser, a influência externa pode ser preponderante no resultado, a mente pode estar ligada a algo meramente sem ação, sem poder, como pode estar ligada a poderes incríveis, destrutivos ou construtivos. Não tem como falar de espiritualidade sem citar o conceito que determinou chegar a esta conclusão (espiritualidade e religião), e esta conclusão deve ter caráter teórico com bases sólidas e sem contestação para se definir como regra.

Quando falo sem contestação não quer dizer que não devemos tecer críticas, pois explicações mirabolantes e sem bom-senso fazem o meio onde vivemos hoje; o "sem contestação" é fato colocado que coaduna com o caráter positivista que víncula os conceitos da criação. Hoje, as regras são colocadas em bases que em sua maioria são contestáveis, não acreditar em algo na espiritualidade até que se prove, ou que se veja algo contrário. Acreditar nas várias versões espirituais que determinam o bem ou o mal causa em mim certo repúdio e me traz um pensamento na ação criadora e no Poder Criador – a espécie humana em sua trajetória histórica, onde há centenas de anos vem se transformando em torno de crenças que determinam quem é bom e quem é ruim, que determina o que existe e o que não existe. Um mundo perdido em meio a tantos planetas, com seres em sua maioria rudimentares em seu pensamento tacanho em criar em torno de Um Deus os propósitos de vida e morte, por fé, por ganância, ou controle das mentes fracas que até hoje se curvam diante de manipuladores da fé, acreditando que a fé para grande parte da humanidade é o meio de se iludir, ou ter uma muleta que nas fraquezas faz com que se supere diante de inquietudes humanas, dando ao lado obscuro de sua fragilidade, ou na perda de algo, sua culpa em uma entidade dita do mal.

Frágeis humanos diante do Universo desconhecem a grandiosidade do Criador, criaram por si mesmos os mecanismos distorcidos de suas estruturas religiosas baseadas em conceitos meramente fantasiosos perante o real valor do que existe. Aproveitam-se da existência de religiões naturais para colocarem seu ego em exposição, elevam o poder de guias e se promovem diuturnamente como agentes de poder encarnados determinando aos menos favorecidos de imagem sua imposição.

As estruturas religiosas que hoje possuem o poder, ou mesmo as religiões menos favorecidas seguem o mesmo padrão, pessoas no poder e ovelhas servindo, com cobras se aproveitando dos restos que sobram deste poder. O pensamento deve ir além destas estruturas, então, os seres humanos devem desbravar o universo de possibilidades positivas sem estar cerceados de sua verdadeira espiritualidade. Iludidos que buscam o poder, ou mesmo que estão dentro dele, são futuros escravos de um poder verdadeiro, que assiste ao mal uso de suas liberdades. O mais alto posto religioso seja de qualquer seguimento requer mudanças urgentes; as buscas das interpretações corretas devem ser livres e abertas, não permanecerem ocultas.

Mediunidade todos nós a possuímos; o ser humano hoje está obcecado pelo mundo consumista onde o que determina a pessoa é o que ele tem no bolso, não o que ele é, tornando-se por vezes fragilizado em seu lado espiritual. Unindo os conceitos religiosos, adornados de suposições duais, mostra que o homem está à mercê do grande império dominante das mentes humanas. A mão Esquerda do Criador, para a maioria dos leitores, seria mais um livrinho falando de Exu. Contudo, aqui vamos buscar uma essência interpretativa da criação e colocar dentro de uma teoria o significado de céu e inferno, de forças: a Direita e Esquerda.

Quem é Deus?

Longe de querer explicar quem é Deus, mas a pergunta é para elucidar sobre; de minha parte por mais que já tenham explicado e expliquem o Criador a visão humana sempre será limitada. Mas, seguindo a pergunta dentro de um conceito, dentro de uma forma de interpretação para que possamos entender a Mão Esquerda do Criador.

O poder criador pode ser vislumbrado; pelo pouco que enxergamos e pesquisamos, podemos ver o universo e a estrutura de milhões de planetas, estrelas e a complexidade das galáxias. A grandiosidade de tudo isto mostra o quanto é poderosa a ação criadora, somos parte disto tudo, somos pequeninas centelhas de inteligência que interagem com este fabuloso Universo.

O religioso de Umbanda necessita ser questionador; a pessoa em sua diversidade religiosa deve ser questionadora, mas o problema é que o ser humano segue bases, que ao meu ver necessitam ser descortinadas, e o nosso olhar necessita ser diferenciado. Há milhares de anos o ser humano segue um formato muito igual dentro das estruturas religiosas. O Universo humano segue um padrão, em que em uma mente coletiva aponta sempre a repetição de que existem seres e forças boas e seres e forças ruins. Diferente de polaridade positivo e negativo, que é diferente de positivado e negativado.

Pergunto: Será que Deus criou algo que não colabora com as questões positivas? Foi criado um poder que combate o Poder Criador? Precisamos usar de reflexão para pensarmos como as religiões se estruturaram ao longo das centenas de anos. As influências degenerativas estão no pensamento coletivo em poderosa egrégora, aí vamos ao lado científico também! Os magnetismos existentes são fatores apenas naturais ou são moldados pelos padrões de pensamento da massa humana?

Embora a pergunta seja pura reflexão de física quântica, e normalmente os rituais são baseados apenas na fé cega, digo que tudo que é realizado dentro de um rito de Umbanda tem tudo a ver com as ciências espirituais das energias e magnetismos.

Sem querer entrar no mérito de outros planetas, estrelas e forças existentes no exterior de nosso planeta e planos humanos, vamos nos ater ao planeta Terra e às suas estruturas espirituais existentes. Reflexão minha, o Criador em sua sabedoria infinita criaria o Embaixo com seres trevosos com um mecanismo de atuação contra os encarnados para ser desfavorável ao processo evolutivo?

As religiões em sua grande maioria foram criadas com características políticas, utilizando dos conceitos espirituais para a manipulação de mentes; utilizaram arquétipos de seres do Embaixo para impor condições através de colocações negativadas. Até hoje, enormes organizações religiosas recorrem a tais fatores para obter adeptos e assim continuar com as escalas de poder, seja no lado político, ou nas questões que dizem respeito à construção de pensamentos contrários às estruturas de religiões naturais como a Umbanda e Candomblé.

Meus irmãos, antes de continuar deixo bem claro que existe poder destrutivo, sim, porém, este só atua contra os encarnados através de projeção ou características de afinidade. A visão Do Criador é que Ele criou tudo e todos dentro de uma força, esta força no plano humano é identificada, sendo de maneira bem simples: energias positivas e negativas, polaridades. Ondas e campos que se definem de maneira magnética, onde nós seres humanos acessamos através de nossa mente, de nossas emoções e por meio do que determinamos com nossa verbalização. Embora tudo seja fruto da mente humana, onde as emoções e verbalizações são direcionadas, quero ressaltar que tais canais são fontes de forças que passamos a possuir, e existem deveres, obrigações que se seguem na utilização do que possuímos. Respondendo a pergunta acima, Deus jamais criaria planos do Embaixo com a intenção de prejudicar os seres humanos. Existem planos inferiores, se assim entendemos melhor, para dinamizar nossos aprendizados e, na condição de iniciados, termos como conduzir tais forças.

Todo aquele que desconhece os conhecimentos revelados como ação criadora positivada, como Deus sendo em Sua infinita sabedoria onipotente, onisciente, onipresente Criador do Universo e de tudo que nós seres humanos conhecemos; que desconhece que tudo que existe serve como forma de crescimento contínuo e que jamais existiu forma, força ou ser que venha confrontar o Criador, mas são ações colaboradoras para o equilíbrio do Universo humano – esses que desconhecem tal ação são considerados profanos, uma vez que não compreendem a infinita sabedoria da criação.

As várias formas de interpretações de Deus passam pela compreensão da mente humana, *Conheça a ti Mesmo*, é um pensamento de Sócrates, que acreditava ter recebido do Deus Apolo tal missão de mostrar aos seres humanos essa busca do conhecimento. Entendimento de que o homem é mente, corpo e espírito e que a interiorização do ser eleva-o à compreensão de sua existência através da meditação e observação da natureza. Com estas observações digo que entender quem é Deus passa por nós mesmos ao nos conhecermos, termos o bom-senso e observarmos que a criação é perfeita, sendo os humanos o lado falho, por sua livre escolha sobre qualquer ação.

O lado sombrio da mente humana está apontando o desconhecimento sobre si mesmo e acerca das esferas da criação, dando ao pensamento insano interpretações errôneas sobre parte da criação. Boa parte da humanidade segue um padrão de repetição nas interpretações espirituais, com bases sempre no passado, sem observar que o homem necessita usar o que adquiriu até hoje para interpretar, sem negar o passado, mas entendendo que o ser evoluiu. A evolução tecnológica e científica em vários seguimentos, ainda aquém do que ocorrerá nos próximos duzentos anos, pode colaborar com a evolução de interpretações da espiritualidade. Creio que tais avanços darão amplitude à mente humana, que acabará por questionar cada vez mais sobre a espiritualidade. Chegaremos, então, a um ponto de conexão com os planos, os identificaremos e saberemos que o Criador nos dotou de capacidades, deixando visível que na espiritualidade existem apenas coisas que colaboram com a evolução do espírito humano. A característica ruim, ou de desinformação será compreendida e atribuída ao ser humano falho e em desenvolvimento de seu intelecto ainda infantilizado e mergulhado nas ilusões.

Estas colocações denotam a necessidade do seguidor das religiões naturais que cultuam forças de Esquerda, ou dos nossos Exus, que venha estudar as estruturas espirituais sem a interferência dos milhares de ensinos distorcidos existentes. Concluímos esta parte entendendo que Deus em sua ação criadora somente proporcionou mecanismos de evolução e por meio de seres que atuam seja no Embaixo ou na Esquerda da espiritualidade humana.

Não existe nada na espiritualidade, feita pelo Criador, que venha para destruir, contudo existem formas magnéticas na existência que colaboram para nossa evolução! Quero dizer que, seguindo um pensamento sobre a Criação observamos a Cruz evolutiva e através dela poderemos vislumbrar este entendimento.

As teorias sobre as estruturas espirituais seguem uma tendência da qual devemos analisar, trazer para o bom-senso sem que haja critérios dos arquétipos já estabelecidos como norma, defendendo princípios que visam à abertura da mente de estudiosos, médiuns e seguidores dos ensinos da mística da Umbanda.

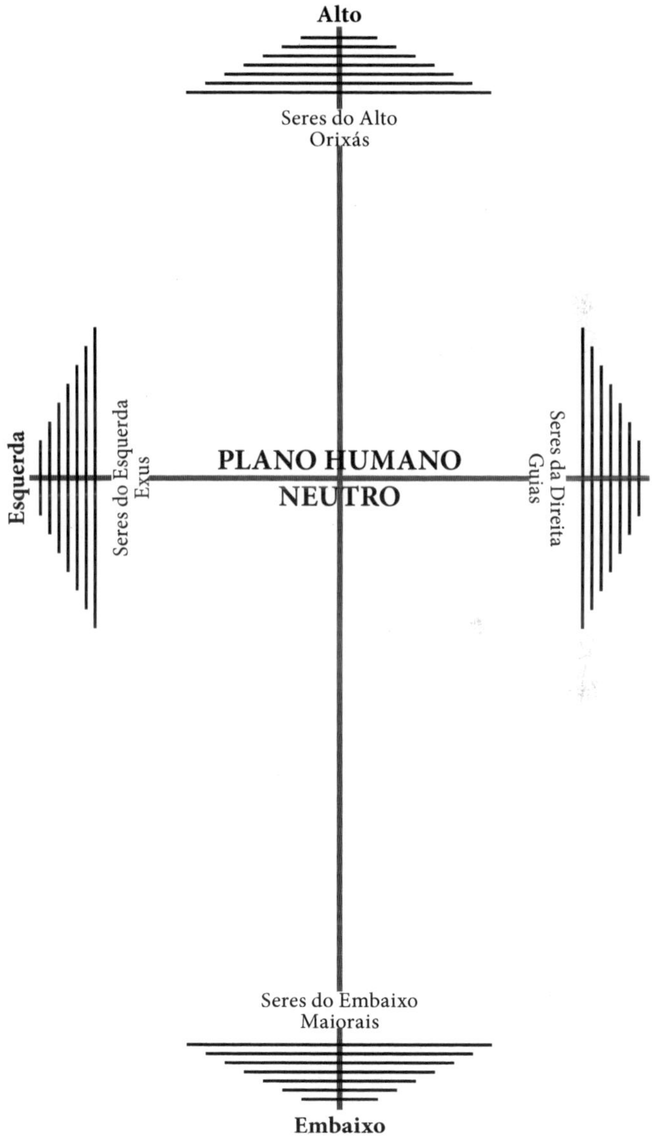
Alto
Seres do Alto
Orixás
Esquerda
Seres do Esquerda
Exus
PLANO HUMANO
NEUTRO
Seres da Direita
Guias
Direita
Seres do Embaixo
Maiorais
Embaixo

Dentro do conceito da criação, a Cruz retrata bem os estudos referentes aos planos. No gráfico observamos sete planos para o Alto, sete planos para o Embaixo, sete planos para a Esquerda e sete planos para a Direita, embora a linguagem definida pelos estudiosos sugira a palavra "planos espirituais", onde de acordo com a nossa a compreensão, após a nossa desencarnação passemos a habitar – planos acima ou para baixo. Lembrando que a Esquerda e a Direita são planos dos guias, espíritos que habitam a espiritualidade com a finalidade de evolução através da tarefa de ajudar os encarnados.

A cruz em sua ação vertical denota os graus da espiritualidade evolutiva na esfera humana, onde habitam forças referentes aos campos magnéticos ou planos espirituais. Em sua linha horizontal encontramos os espíritos que militam as esferas dos guias, espíritos socorristas e orientadores dos seres que estão no plano humano, neutro dos encarnados!

Para que possamos interpretar dentro de uma linguagem adequada vamos entender acerca desses planos espirituais. Os seres encarnados ou os que estão nos planos são definidos pelo magnetismo que possuem de acordo com o que vibram mentalmente e emocionalmente, automaticamente passam a vibrar em uma onda só dele. Cada ser encarnado é único, possui seu magnetismo respeitando o que vibra internamente e o que adquiriu no decorrer de sua jornada. Toda vivência, enquanto encarnado, o ser absorve como conhecimento e evolução. Mesmo que seja algo que fuja à regra da positividade, o espírito adquire conhecimento. Esta vivência em sua fase encarnado onde o ser gera positividades, ele adquire magnetismos que moldam seu campo energético; se vivenciar características boas acabará por deter em seu campo mediúnico e no espírito magnetismo positivado, se for características ruins irá gerar magnetismo negativado.

Antes de avançarmos à questão humana e seu magnetismo, vamos observar a astronomia em sua função interpretativa que levará a todos uma visão mais ampla. Os astros do nosso sistema, bem como os de toda a galáxia e universo, funcionam obedecendo às leis da gravidade e dos magnetismos gerados por um núcleo de força. Este núcleo está no centro de uma galáxia, e nos sistemas solares o núcleo são as estrelas, no nosso caso o Sol. Tais magnetismos são forças que atraem e repelem mantendo-se assim o movimento dos astros e a manutenção harmoniosa de cada planeta em suas posições sem que haja choques de uns para com outros. Tais forças estão interligadas onde no centro de cada planeta e estrela está o núcleo de força magnético.

Entendemos que tudo que está no macro está ligado ao micro. O núcleo do planeta Terra está ligado a toda uma coordenação em nosso sistema solar, tudo conectado magneticamente. Nossa mediunidade, bem como todos os elementos utilizados na Umbanda, ou nas magias em geral estão ligados a esta força magnética do universo, desde a galáxia, até nosso sistema solar, chegando a nosso planeta, que vibra diretamente em cada indivíduo sobre cada átomo do seu corpo, ou de cada elemento existente na criação. Portanto, tudo que nós realizamos segue um Poder da criação, que quando interpretado corretamente traz a positividade necessária para a evolução da espécie humana. Todos os seres humanos estão sob o mesmo Poder, e tudo que se refere à mente, às emoções, palavras, gestos, escritas ou qualquer forma de impressão e expressão está ligado a esta força.

Os espíritos adquirem em sua jornada seu magnetismo próprio que determinará onde este irá transitar, assim como o exemplo dos planetas, que estão de acordo com seu magnetismo em uma posição na constelação e no sistema solar.

Estas mesmas forças regem nosso meio, nada está fora do Poder da existência; o nosso campo espiritual está ligado a estas leis que determinam o campo magnético e onde habitaremos após a desencarnação. Como citado, os espíritos podem estar habitando esferas superiores, onde no primeiro grau magnético estão os seres socorristas, hospitais astrais e seres que atuam no equilíbrio destes espíritos recém-chegados. Se uma pessoa tem seu campo positivado a tal ponto de ter consciência elevada, este chegará a esferas magnéticas mais elevadas, sem mesmo necessitar receber tratamentos nos hospitais. Os seres que desencarnam negativados são absorvidos nos graus magnéticos do Embaixo, estes através do que vibram passam a receber choques provenientes deles mesmos. Não existe o castigo de Deus como muitas religiões pregam, o castigo é de nós mesmos por nossas escolhas humanas equivocadas.

A vitimização é um ponto que não defendo aqui, trago uma realidade da qual nós religiosos temos o dever de ter a consciência do que realizamos em nossas tarefas diárias. Vamos pensar nas condições positivadas pelo conhecimento adquirido, assim poderemos ter boas escolhas, interpretar corretamente, principalmente as forças de nossa Esquerda.

Irmãos umbandistas, temos o dever de entender que tudo que está na criação vem de forma positivada para nossa espiritualidade; acreditar em um poder apenas proveniente do Alto e negar o Embaixo é renegar um Poder do Criador!

O Alto e o Embaixo são poderes de equilíbrio unidos através da Direita e Esquerda, poderes de um Único Deus. Vamos quebrar o pensamento desta egrégora negativada que se constitui em negar Lúcifer, Belzebu e Asterot, isto é o mesmo que negar um Orixá, ou mesmo o Mestre Jesus. Vamos deixar tais pensamentos para outras religiões e supostos religiosos, fechados em seus dogmas manipulados para interromper o que sempre existiu nas religiões naturais; vamos defender o que acreditamos.

Utilização do Poder da Esquerda

O universo religioso umbandista é extenso, existem muitas informações sobre o tema Exu, sobre a Esquerda da religião. Para ser umbandista a pessoa deve ter preparo e as irresponsabilidades são incontáveis, o despreparo e a ilusão tomam conta da espiritualidade em geral com ensinos no mínimo incoerentes. Portanto, ter explanações de cunho doutrinário se faz necessário sempre dentro das vertentes existentes. Para muitos que militam na religião de Umbanda quando se fala de fundamentos grande parte não compreende o significado e a importância, às vezes, por desinteresse com o pensamento que o guia tudo faz e não busca conhecimento, ou por que seu dirigente espiritual não permite a busca de informações.

A religião de Umbanda é completa e não necessita buscar em outra religião fundamentos, ela possui tudo para cada Orixá, para cada força à Esquerda, portanto buscar em outra demostra que o médium não tem o devido conhecimento e traz em si o despreparo. A religião, por ser natural e aberta nas questões da mediunidade, ao dar acesso a todos aos guias nas sessões espirituais acaba por permitir grande abertura para a massa de pessoas necessitadas deste contato espiritual.

Normalmente, os filhos de terreiro foram os frequentadores que acometidos de sensações mediúnicas passaram a fazer parte da corrente sem ao menos terem esclarecimentos básicos sobre a espiritualidade. Logo, estes passam a manifestar seus guias e no decorrer do tempo dão passes e posterior a isto passam a consultar outras pessoas que vão aos terreiros. Tal fato fez com que a Umbanda crescesse muito nos últimos anos, com esta ocorrência cresceu também o número de estudos e escolas religiosas, com alguns professores preparados e muitos sem preparo algum.

Ter aulas de Umbanda para mim é primordial, porém, cursos que envolvem o sacerdócio sem a vivência de terreiro tornam-se um ato irresponsável. Para muitos, falta os fundamentos e assentamentos para abrirem suas casas. Desculpe a crítica, pois sei que muitos sem ter outros recursos de pessoas para ajudar e realizar tais fundamentos acabaram seguindo o que o guia chefe determinou. Sei que existem grandes casas que estão realizando grandes trabalhos, que se estruturaram no decorrer dos anos, mas existem as fragilidades por conta destes procedimentos. A responsabilidade de quem dá um certificado outorgando a um irmão a abertura de sua casa é grande, sem contar que existem estes cursos dados via internet. Como disse, não sou contra obter conhecimentos, mas devemos pensar sobre os degraus a serem percorridos para chegar ao grau. Tudo que estou citando está nos domínios de Exu, e uma cadeia de equívocos leva a danos irreparáveis a médiuns e suas famílias, sem contar os consulentes que pela fé são levados a estar junto à casas sem estruturas espirituais importantes para trabalhos religiosos.

Para utilizarmos forças espirituais, além de conhecimento, devemos ter em mente qual a base, qual o conceito religioso que este médium carrega, uma vez que a interpretação da espiritualidade é que dará forma nesta utilização. O lado humano deve ser levado em consideração, o lado psicológico e emocional do médium deve ser moldado por seu dirigente espiritual.

Como citado, tudo no universo está interligado na espiritualidade, e na Umbanda é muito mais, pois existem aproximações de seres e forças que se o médium não estiver firme em seu conceito acabará por sucumbir ou prejudicará alguém. Mediunidade para pessoas descontroladas psicologicamente ou emocionalmente, sem seus assentamentos firmados, é o mesmo que criança brincando com arma de fogo. Infelizmente, o que mais se vê são pessoas descontroladas pedindo coisas bizarras tais como: amarrações, separação de casais, destruição de alguém, coisas sem o significado religioso e ético.

A todos os irmãos desta maravilhosa religião, a Umbanda e seus Exus e Pombas Giras não fazem este tipo de trabalho, quem está utilizando de vibrações grosseiras para tal finalidade está ligado negativamente e de forma destrutiva às esferas inferiores. Lembrando que a vida é breve e muitos destes que hoje vivem de fazer tais trabalhos serão absorvidos no negativismo e se tornarão escravos de sua própria vibração, ou seja, terão de fazer trabalhos na espiritualidade para saírem desta força negativada, decantando o sofrimento imposto outrora a outras pessoas que sucumbiram diante de trabalhos de cunho distorcido.

Aqui passamos a entender que: existem Exus, Pomba Giras, Exu Mirim, espíritos Quimbandeiros, que são forças de trabalho que militam a Esquerda da espiritualidade, força esta dirigida por Lúcifer, Belzebu, Asterot e Astart, que são seres maiorais reguladores das forças da criação. Os nossos Exus, Pomba Giras, Exus Mirins e Quimbandeiros procuram doutrinar e direcionar estes espíritos rebeldes a caminhos que trarão evolução a eles. Seres humanos negativados são milhares e milhares, criaram junto à mente coletiva humana um poder destrutivo que quando uma pessoa despreparada acessa com certeza terá algum resultado negativado. O poder mental coletivo é poderoso, podendo criar formas plasmadas e condições favoráveis positivamente ou negativamente, portanto o livre-arbítrio de escolha mental está para o encarnado, que pode acessar forças que podem construir ou destruir.

Entende-se que todo encarnado tem acesso à cruz da criação, podendo ativar o poder existente em qualquer um de seus pontos. Para nós religiosos de Umbanda utilizando da consciência elevada conseguimos utilizar destes pontos para nossa elevação e evolução. Este acesso livre dos encarnados aos magnetismos e mecanismos espirituais acaba por promover sua evolução; as escolhas humanas em seu caminho forjarão uma pessoa em seu caráter, seja ele positivado ou religioso, ou negativado, deixando-o na vibração da esfera profana.

Os quiumbas, zombeteiros, espíritos obsessores ou aqueles que estão decantando seu negativismo estão dentro de vibrações densas, não possuem a consciência de positividade, sendo manipulados por linhas de afinidades dos encarnados. Outros que estão dentro desta linha densa, mas que receberam os choques das realidades através da ação de causa e efeito e aceitaram a tarefa de servir, seguirão com os Exus na jornada de ajudá-los em pequenas tarefas favorecendo os encarnados positivamente.

E aí é que entram as interpretações de que "o meu Exu evoluiu e virou um boiadeiro"; os

Exus, Pomba Giras, Exus Mirins e Quimbandeiros que estão à Esquerda não estão "caídos" e não serão baianos, caboclos, pretos velhos ou boiadeiros, eles estão com seu grau, assim como qualquer guia de Direita.

Sei que muitos médiuns têm esta referência, porém não corresponde à veracidade da espiritualidade, seria o mesmo que colocar Exu em um padrão de caído, e não é, não existe. O que existe são espíritos que foram arregimentados, que não são Exus, que por vezes para confundir as pessoas dizem que é este ou aquele Exu. Aí uma revelação, tem muito médium trabalhando com espíritos que são servidores dos Exus e realizam tarefas a mando da falange pertencente e se utiliza do nome do Exu ao qual ele trabalha. Sem contar que espíritos quiumbas, aqueles que recorrem a médiuns sem preparo e ligados no negativismo por sua índole, dão o nome de Exus causando sérios danos a pessoas desavisadas. Volto a repetir, Exu não se presta a fazer coisas que estão fora dos conceitos elevados da criação, não infringem as leis de organização e tão pouco agem negativamente diante de quem quer que seja. Quando cito Exu estou de forma geral me direcionando às Pombas Giras, aos Exus Mirins e Quimbandeiros. Os verdadeiros Exus estão em grandes tarefas em prol da religião, seguem este padrão elevado e os que estão ao redor de seus caminhos! Os encarnados negativados que desencarnaram são milhares, muitos como citado, passam a realizar pequenas tarefas em prol da humanidade. Estes espíritos que outrora estavam caídos passam a trabalhar até que a consciência básica ocorra; ao longo do tempo são avaliados, podendo reencarnar ou ainda continuar na tarefa ajudando os verdadeiros Exus.

Na verdade, são espíritos humanos que se escravizaram por conduta destrutiva enquanto encarnados e agora processam uma forma de evolução, até receberem autorização de reencarnar. Estes espíritos serão guias na Direita? O processo de espíritos que caíram é de retorno à reencarnação, aqui se pode depurar todo e qualquer tipo de negativismo através de resgates que ocorrem no decorrer da vida. Ainda entendemos que há uma casta de espíritos que através de um magnetismo denso permanecem nas vibrações distorcidas do Embaixo. Estes, por vezes, estão em parte fora da nossa realidade, não possuem o senso de existência e respondem apenas às leis de magnetismo. Eles se prestam a ser manipulados por terem esta falta de consciência mínima, sendo utilizados muitas vezes por encarnados que, sabedores das práticas distorcidas, os projetam contra seus desafetos.

Espíritos positivados que desencarnaram e que ocupam esferas superiores estes podem, sim, se tornar um guia de Direita, são arregimentados por forças superiores podendo trabalhar na religião de Umbanda. Portanto, são espíritos de graus elevados, com consciência diferenciada e dotados de capacidades positivadas.

Tudo isto respeita a Lei do magnetismo, da gravidade e das energias, estas forças estão em cada ser dando a condição de habitar em um dos padrões da Cruz da Criação. Aqui observamos a importância da formação do indivíduo; enquanto religioso e saber das questões do ocultismo reveladas aqui, dará força em sua existência, dará condições de perceber que sendo iniciado nas práticas espirituais da Umbanda não sucumbirá perante nenhuma força ou anomalia da espiritualidade negativada distorcida.

Entendamos como anomalia a interferência do encarnado que ativa forças contrárias sobre seus desafetos, ou sobre desafetos de outras pessoas. Ocorrência comum há centenas de anos e nos dias atuais, onde o pensamento infante impede a compreensão da grandiosidade do Criador, interrompendo seu processo evolutivo através da espiritualidade positivamente entendida. Magias e utilização de elementos em ritos distorcidamente atraem pessoas aprisionadas no ego; projeções de características danosas é a expressão de vibrações grosseiras de encarnados que não se iniciaram de maneira verdadeira, mas sim aviltam as leis da criação. O poder da criação não reconhece estes encarnados como agentes representantes da natureza religiosa, que, por vezes, implantam o ódio semeado mediante mentes facilmente manipuladas. O dever do iniciado é agir com bom-senso, não se permitindo ser iludido pela massa e nem por coisas belas que trazem em sua base a destruição das características elevadas.

O médium, uma vez iniciado em seus fundamentos assentados nas vibrações dos Orixás, Exus, Pomba Giras e Quimbandeiros na vibração da Cruz, fará deste o detentor do saber e pertencente a todos estes reinos, ou planos espirituais, não se abatendo por conta de vibrações ou seres contrários às características positivadas. Vejo médiuns se abatendo com espíritos sem luz, seres recém-desencarnados que passam a se alimentar da energia do médium e não estão no padrão de seres caídos, com isto entende-se, não possuem a densidade torpe de um quiumba ou zombeteiro.

Observamos que existe algo errado, pois um egum não pode abater um médium de Umbanda, pois o umbandista é preparado para os choques espirituais. Então, lidar com vibrações densas e direcionar tais forças e seres negativados aos seus pontos pertencentes é tarefa fácil para o umbandista que tem seus fundamentos bem assentados.

Os espíritos sem luz estão ao nosso redor e só entrarão em nosso campo mediúnico ao encontrarem aberturas e campo fértil; estas aberturas se dão por falta de alguns preparos, lembrando que lidar com quiumbas e zombeteiros é tarefa para quem tem assentamento, não tendo receberá choques, e se for egum estará sendo esgotado em suas vibrações e energias.

Lembro que os fundamentos agem em nossa vida através do que nós vertemos de nossa mente e sentimentos; não adianta ter tais assentamentos, se o médium agir de maneira incoerente com o que se propôs a ser! A quantidade de médiuns doentes e saindo da Umbanda é mostra de como há necessidades de revermos os significados das forças que possuímos e das forças que devem ser agregadas ao nosso campo mediúnico. Devemos sair dos campos limitadores da espiritualidade, ver o Todo como Poder do Criador, ter isto em mente de maneira incontestável, sentir as forças vindas dos pontos da Cruz da Criação.

Senhores e senhoras dirigentes espirituais, estamos em uma religião nova, com características únicas em sua atuação e com fundamentos que não deixam nada a desejar em relação a nenhuma outra religião. Portanto, ter a responsabilidade de colocar Exu no patamar que merece, sem ter a concepção de seres caídos, ou negativados, mas sim senhores portadores das ciências ocultas dos mistérios do Criador.

O Grau de Exu, Pomba Gira, Exu Mirim e Quimbandeiro é extremamente elevado, sendo comparado na particularidade da Cruz, com os mesmos graus dos santos, guias de Luz. Lúcifer, Belzebu, Asterot e Astart com o mesmo tratamento que damos aos Orixás, lógico cada um dos seres com seus arquétipos e formas de trabalho peculiares. Dentro do Poder Criador volto a comentar, não existe o destruir, o amarrar e interromper a evolução, o que existe são forças, que bem compreendidas e bem utilizadas darão aos médiuns ferramentas incríveis em suas estruturas e tarefas espirituais. O ser humano comum e muitos que se dizem religiosos estão no campo da ignorância, corrompidos e com suas mentes manipuladas, cerceadas da liberdade de conhecimento; suas mentes limitadas estão ligadas a textos criados com essa finalidade, evitando que o Poder do oculto se instale de forma positiva no plano humano neutro. O poder da Esquerda só será utilizado corretamente quando esta consciência ocorrer e quando os fundamentos forem assentados dentro dessa mística poderosa.

A mente do médium consciente está totalmente desperta, enxerga nos seres encarnados formas de evolução, não possuindo jamais inimigos, mas sim contrários que colaboram com a lapidação de seu espírito. O desejo de amar seu próximo e a ação continuada de perdoar dota-o de total proteção. A interpretação dos poderes do Alto, Embaixo, Direita e Esquerda, compreendida como poderes do Criador que, existentes, se manifestam apenas para a evolução da espécie humana.

Estar na Umbanda como religioso não é tarefa fácil, é para poucos, não existe forças que foram disponibilizadas para destruir quem quer que seja, não existe seres no Embaixo ou na Esquerda que atuem nestes propósitos, mas existem encarnados que evocam tais magnetismos atrapalhando ainda mais os processos de evolução destes que são atraídos por pagamentos em magias religiosas negativadas totalmente distorcidas. Irmão umbandista, não confunda ser uma pessoa positiva, generosa e bondosa, com uma pessoa que não se posiciona, que não reivindica seus direitos e que não concorda com ações que desagradam, uma pessoa apática.

Ser religioso não é ser capacho dos outros, devemos nos posicionar, sim, e lutar pelo que acreditamos sempre mesmo que não agrade outras pessoas. Nunca nos utilizaremos de nossos conhecimentos, ou guias para tirar proveitos, para atentar contra nossos contrários, pois se assim o fizéssemos, seríamos com certeza fora do contexto de ser religioso e entraríamos na ação comportamental profana de existir. Devemos, sim, em momentos de dificuldades, de contendas, evocar os poderes do Criador, fazendo o sinal da Cruz saudando o Alto, Embaixo, Direita e Esquerda. Ter esta consciência já será de muita valia, existirá uma mudança na vida e características proveitosas de sua espiritualidade ocorrerão.

Quem é Exu? Para se falar de Exu e de religião devemos recorrer à história com breve reflexão. Tudo que encontramos é reflexo de interpretações provenientes de épocas como da Mesopotâmia onde os historiadores dizem vir as primeiras formas de escrita, de organização política e religiosa, embora outros historiadores já encontraram placas com inscrições mais antigas na região da Grécia e Austrália mostrando que existiram outras tantas informações mais antigas e que a humanidade tem muito a aprender com o que será descoberto. A importância destas inscrições e sobre os deuses encontrados na estrutura da Mesopotâmia, onde divindades se dividiam naquelas que castigavam os humanos e as que traziam forças da natureza beneficiando-os.

As denominações que hoje possuímos como Orixá, Exu, guias e outras nomenclaturas não existiam, porém encontramos definições análogas à mediunidade, magia e sacerdotes, também encontrando analogias de determinados deuses em relação ao que é cultuado hoje por religiões naturais. Citar estas colocações sobre a antiguidade serve para nós religiosos de Umbanda como uma referência de pensamento sobre o que existiu bem antes de muitas interpretações. Tais relatos são teorias sobre a espiritualidade, bem como tudo que existe são teorias defendidas através da crença que as pessoas possuem sobre o que professam. Entende-se que muitos seguidores de religiões não possuem atenção de procedência de determinados textos que embasam sua crença, sendo a grande massa manipulada por religião sem entender de fato o que faz.

Fundamentar um poder religioso vem pelo bom-senso, e com uma ciência espiritual já citada sobre magnetismos, tudo responderá a esta mecânica da existência pautada sobre avatares que vieram e deixaram mensagens que determinaram a formação da estrutura religiosa que entendemos hoje, buscando a ligação dessas estruturas espirituais com o que encontramos na natureza, correlacionando aos nossos ícones da religião definidos como Orixás, guias, mentores, etc.

Devemos ter cuidado em relação às interpretações acerca da Criação, lembrando que tudo, seja do passado ou mesmo de interpretações recentes, requer ter em mente que O Criador jamais disponibilizaria planos ou outras forças que seriam contrárias em relação à evolução humana. De maneira alguma a Criação proporcionaria seres contrários às perspectivas as quais a Inteligência Suprema do Criador colocaria à disposição na esfera humana. Portanto, desde as interpretações mais antigas até os tempos atuais, devemos como umbandistas, ter uma única referência, de que todas as forças da Umbanda vibram os Poderes de Deus, logo, todas as nossas forças vibram sobre características únicas em ondas magnéticas e vibratórias em evolução, que concluímos como Poder Criador positivado.

Utilizar a Esquerda da religião de maneira distorcida é para aqueles que desconhecem os aspectos da estrutura das esferas espirituais da existência. Entende-se que muitas informações e formações existentes são absorvidas por osmose, em que muitos não tiveram o cuidado em interpretar alguns aspectos importantes nas relações de Criador e criatura. Uma religião que cresce diariamente olhando para as referências do passado, olhando os arquétipos encontrados nas ingiras de Umbanda e na internet, definindo duas maneiras de interpretar a Esquerda da Umbanda, uma de forma ideal, outra com distorções propositais, ou não, trazendo ao meio humano desinformações e incoerências.

Por ser uma religião demasiadamente plural a fragilidade de entendimento é encontrada em muitos lugares, vertentes ou modalidades de Umbanda que se fecham em estudos teológicos dando a milhares de seguidores esclarecimentos, às vezes, de cunho pessoal e não dentro de conceito de abrangência universal. O cuidado em lidar com algumas forças se faz necessário, pois a evocação e o trabalho com agentes da espiritualidade, de maneira incorreta, pode determinar a negatividade implantada na vida de muitas pessoas. Definir a Esquerda da Umbanda, em que Exu com seu arquétipo inteligentemente colocado proporcionará positividades, caminhos abertos e vida plena, onde o Poder Criador vibrará luz em sua existência.

Interpretar os conceitos de que Exu sempre existiu, mesmo antes da existência de tal nomenclatura é fato! Desde os primórdios da existência humana, o poder da vitalidade e do desejo acompanha o ser encarnado, ambas as forças são sustentadas por agentes da espiritualidade que conhecemos como Exu e Pomba Gira (Exu feminino). Definir como ação poderosa da natureza para conosco podemos dizer que todos os seres humanos possuem em si as energias de Exu e Pomba Gira, negadas estas forças passamos a nos tornar apáticos e sem vitalidade alguma. As divindades ou deuses relatados na diversidade da espiritualidade em suas multiplicidades estão diretamente ligados aos mistérios da criação em colocações estruturadas e definindo os seus campos de ação.

Na religião de Umbanda tomando a relação da Cruz da Criação com todas as estruturas religiosas existentes, conseguimos de maneira bem simples definir os planos e como se sustenta as forças de Orixás, guias a Direita e a Esquerda, bem como o papel preponderante do Embaixo. Visto que emoções de cunho humano encarnado não estão nas esferas e estruturas espirituais, a vingança, raiva e características destrutivas são para nós meros encarnados. Desta maneira entende-se que Exu nos traz a vitalidade e através deste magnetismo proporciona a nós encarnados uma diversidade de possibilidades de caminhos positivos, bem como Pomba Gira que nos dá a força do desejo, dando-nos as condições de sentirmos os desejos desde viver bem, se divertir, sentir felicidade, até na ação natural da procriação, que é a junção dos poderes vitalidade e desejo!

Um Exu manifestado traz orientações e mostra caminhos, assim como Pomba Gira, seres que atuam sempre de maneira racional, que não possuem as características de raiva, como muitos procuram atribuir. Exu e Pomba Gira vibram na vida de um médium através do poder de seu assentamento, fundamentado na tronqueira dotando o medianeiro de ferramentas que possibilitarão o contato do poder criador pela Esquerda, atuando nas esferas do Embaixo, anulando ações danosas a ele e aos que passarem com seus guias. Isto é Exu, isto é Pomba Gira! Definir uma conduta de pensamento e trazer para as práticas do cotidiano o que se acredita, digo assim, se for o Poder de Deus quero comigo, portanto tenho em mim tudo que existe na Criação. O que interpreto como a Cruz o Alto, Embaixo, Direita e

Esquerda deve-se cultuar e ter em nós estas tais forças. Vive-se por repetição de interpretações, osmose como citado, pois quebrar paradigmas e se reconstruir espiritualmente é para poucos, deixar o que sempre acreditou como uma força a ser combatida para tê-la como fonte de poder! Se a luz vibra em minha direção eu a absorverei, se vierem as trevas em minha direção elas se acomodarão, pois tudo que está na existência está em mim.

Um médium de Umbanda possui diferencial, deixando bem claro que a religião veio para dotar seus seguidores com características de defesa; ser médium é lidar constantemente com impactos.

A fúria do negativado sobre um iniciado na Umbanda não consegue atingir seus objetivos, quando os Poderes da Cruz estão o tempo todo sobre sua vida. Os campos mental, espiritual, energético e vibratório estão em uma única sintonia, e, aliados aos assentamentos dotam o médium com ferramentas e forças incontáveis em sua vida espiritual, em seu magnetismo pessoal.

Infeliz daquele que atenta contra um filho do Pai, infeliz daquele que infringe as regras e as leis naturais, infeliz daquele que pensa que derrubará o médium que respeita o Alto, o Embaixo, a Direita e a Esquerda. Meu irmão, isso não quer dizer que nos tornamos melhores que os outros, mas a partir do momento que um médium passa por suas iniciações, vivencia e recebe os fundamentos através dos assentamentos, ele está preparado. O pensamento é único, respeitamos todos, jamais levantaremos nada contra nossos desafetos, pois estes sucumbirão por sua própria ignorância ao negligenciarem a superioridade do Criador.

O médium preparado silencia sua mente, busca na luz da razão sua força e evoca o poder da Cruz deixando com que a espiritualidade atue em sua vida. O Criador, quando evocado em nossas orações, passa a estar no tempo, na natureza, no altar e na tronqueira, Ele está dentro de nós. Orixá sobre nossas cabeças, Maiorais comandando nosso Embaixo, Exu dando caminhos à Esquerda e nossos guias à Direita dotando-nos do raciocínio iluminado. Estas são as armas do religioso de Umbanda, sem raiva, sem mágoas, simplesmente agindo com sabedoria e fé!

Deixo bem claro que as muitas informações que estão em livros, em vídeos, em terreiros, onde Exu se manifesta ameaçando ou dando determinações negativadas, digo que é o médium incorporado em seu ego, onde a vaidade está à frente proporcionando a manifestação de um espírito zombeteiro. Bem como há centenas de informações errôneas sobre Pomba Gira e as amarrações, infelizmente os seres humanos carentes acabam por utilizar de artifícios danosos e praticam em nome desta força o mal para realizar esse ato degenerador de nossas práticas umbandistas. Trabalhar com a Esquerda requer, acima de tudo, pessoas que tenham como fonte de vida o bem, conceito de amar e perdoar, sem misturar coisas do cotidiano e de vivência de resgates com a espiritualidade vingativa inexistente na Umbanda.

Milhares de médiuns não sabem ao certo o que são Exu, Pomba Gira, Exu Mirim e Quimbandeiro.

Para tanto, relatar características positivadas desses seres na cabeça de alguns é profanar o trabalho desses que se utilizam das ameaças para ganhar dinheiro e respeito, mas seria de uma incoerência absurda termos dentro de um conceito religioso o fazer o bem e praticar a maldade! Exu Mirim é um Exu! Sim, esta é uma entidade que através de suas práticas espirituais dá ao médium grande sustentação à sua Esquerda. Digo que Exu Mirim não é criança, é um ser que está em vibração diferenciada, tendo em si características de mensageiro de Exu e Pomba Gira. Com sua força atemporal pode passar recados para prevenir coisas aos seus médiuns, bem como aos que recorrem em consultas com eles como assistidos. Com sua ação paralisante entra em camadas vibratórias diferenciadas não sendo visualizados por seres de padrão destrutivo, afastando-os de locais e pessoas. Esta força invisível, muitas vezes, é passada aos seus médiuns, que se beneficiam mesmo sem perceber, sendo protegidos de assaltos ou outras ocorrências ruins.

Exu Mirim gosta de tudo que é azedo, fuma cigarro e come pimenta! Em relação aos elementos de trabalho na magia religiosa praticada por ele, uma peculiaridade importante de Exu Mirim é a de auxiliar o médium a achar pertences perdidos ou pessoas desaparecidas. Este é Exu Mirim!

Quimbandeiro é um dos agentes mágicos da Esquerda mais incompreendido que existe. Todo Exu traz em si as forças de bruxos e feiticeiros, um Quimbandeiro é isto, a junção de uma sabedoria sobre as mandingas existentes na esfera espiritual do Embaixo e da Esquerda. Tudo que está relacionado às forças de Lúcifer, Belzebu, Asterot e Astart, o Quimbandeiro é o grande manipulador, lembrando que essas forças são o braço armado do Criador.

Um médium tem ao seu redor suas forças que se levantaram através dos assentamentos, esses por sua vez dão sustentação de proteção, o Quimbandeiro nesta vibração protetora é a ponta do punhal! Entendemos que jamais projetamos essa força de maneira destrutiva, porém, ao nosso redor o Quimbandeiro está a nos proteger com seu punhal apontado; qualquer força degenerativa que se aproximar receberá o choque de sua adaga! Como já citei, os magnetismos são as forças que se estendem como vibrações e energias protetoras do médium; os seres que vibram em nosso campo mediúnico agem exatamente repelindo o que não serve, assim a Quimbanda e sua força através dos Quimbandeiros, Exus, Pomba Giras e Exus Mirins atuam.

A manifestação do espírito de um Quimbandeiro pode ocorrer muitas vezes confundida com Exu, ele vem para trazer suas vibrações ao médium em casos específicos, não sendo comum esta entidade dar consultas. Para entendermos isso, digo que os guias manifestam-se nos médiuns para trazer padrões de forças que não chegam ao meio humano apenas pelo espiritual, sendo necessária a matéria de um encarnado e sua energia corpórea para instalar no meio humano tais vibrações. Por este motivo que a Umbanda atua em sua liturgia com a manifestação espiritual (incorporação) como prática fundamental para trazer os poderes do Criador ao ambiente e aos praticantes da religião. Uma coisa importante, jamais determine que sua força de Esquerda atinja quem quer que seja, deixe sempre nas mãos de Exu, sem ativar sua raiva, lembro mais uma vez que ser religioso de Umbanda não é para qualquer um.

Toda força de Esquerda bem entendida poderá trazer paz e tranquilidade, logo as guerras bem como ações de atuar sobre questões do negativo os nossos Exus falam assim:

> *A guerra existe do lado espiritual, sim, contra a ignorância e desinteligência dos encarnados e de espíritos caídos nas distorções. Se um médium se mantiver com a mente elevada, o nosso trabalho sempre obterá êxito, porém, se o médium ficar no mesmo padrão dos profanos, ele receberá também os respingos das negatividades destrutivas emanadas por pessoas que levantaram seu negativo de maneira destrutiva.*

Tronqueira – Exus e Pomba Giras

Para podermos compreender se o terreiro que estamos indo está dentro da positividade da religião de Umbanda, se é Umbanda mesmo, basta ver como o dirigente e seus filhos agem em um trabalho espiritual de Esquerda. A forma pela qual se acredita em suas forças espirituais e as manipula indica a educação mediúnica ali aplicada. Há apenas um caminho, o do positivismo em busca da elevação e evolução espiritual; sendo assim, se faz necessário esclarecermos um posicionamento sobre conceitos religiosos que fundamentam nossos Exus, Pomba Giras e Exu Mirim. Os conceitos espirituais com valores positivos denotam um ser em busca de elevação. Lidar com a Esquerda da religião requer sabedoria e acima de tudo equilíbrio emocional. Aproveito aqui para fazer uma referência a Exu feminino, termo utilizado por muitos religiosos. O conceito da terminologia Pomba Gira não existe em todas as casas, logo Exu feminino ou Pomba Gira refere-se à mesma força. Contudo, ao longo do texto farei uso do termo Pomba Gira.

Por que o emocional? Na verdade observamos não apenas na Umbanda, mas em todas as religiões, pessoas que lideram e possuem o seu emocional infantilizado e fragilizado. Isto pode ser falha de caráter, falta de conhecimento ou fragilidade psicológica.

Ser líder requer sabedoria, serenidade, honestidade, paz interior, humildade, tudo isso dará base ao dirigente para ele direcionar vidas. Como diz um Exu que me acompanha: Para lidar com pessoas deve-se ser racional, não deixando o lado emocional atrapalhar o caminho a ser trilhado!

Acredito que uma pessoa que não possua seus fundamentos espirituais e que não possua o equilíbrio emocional, logo se perderá e não terá condições de liderar pessoas, atrapalhando inclusive seu campo mediúnico e comprometendo as manifestações espirituais. Todo médium, seja ele um dirigente (sacerdote de Umbanda) ou mesmo um médium que já está há anos em trabalhos na religião, todos devem entender que estamos sempre em desenvolvimento espiritual. Necessitamos estar abertos ao aprendizado e a lapidação do espírito é constante até o final de nossas vidas. O conhecimento é libertador e eleva todas as pessoas; entendermos a nós mesmos nos trará condições adequadas para interpretarmos nosso caminho.

O desconhecimento traz a rejeição e o preconceito, isto é fato! Por este motivo a explanação de como funciona um terreiro é importante. Muitas pessoas quando vão aos Templos de Umbanda observam nas entradas, pequenas casinhas ou portas que ficam posicionadas à Esquerda da entrada. São as chamadas tronqueiras, locais onde são colocados elementos que fundamentam as proteções espirituais do Templo. Em muitos templos a posição da casa de Exu, Pomba Gira e Exu Mirim fica nos fundos, com espaço mais amplo, onde são executados ritos específicos aos nossos guardiões.

As tronqueiras funcionam absorvendo os impactos negativados que atentam contra o bom andamento das sessões espirituais dentro dos terreiros de Umbanda, assim evitando que forças contrárias aos aspectos positivos adentrem o recinto, servindo também de grande portal recolhedor e encaminhador destas forças contrárias. No campo neutro humano (campo humano onde vivem os encarnados) recebemos as influências do Alto – esferas superiores, do Embaixo – esferas inferiores, da Direita – esferas dos guias de Direita, da Esquerda – esfera onde habitam nossos Exus, Pomba Giras, Exu Mirim e Quimbandeiros.

Quando espíritos que estão em vibrações degeneradas e com o padrão mental distorcido, provenientes do Embaixo, ativados por encarnados para atuarem sobre outras pessoas, passam por esta tronqueira que forma um portal, são recolhidos e levados aos locais de afinidade. Entende-se que no Embaixo, assim como no Alto, existe uma variação de planos, ou campos magnéticos, que definem onde estão os espíritos degenerados e os espíritos que servirão aos Exus como ajudantes ou escravos.

As tronqueiras são fundamentos para todos os terreiros de Umbanda e ali está a grande defesa para os frequentadores. Nelas encontramos fundamentos que trazem o Poder do Criador através da força de Exu e Pomba Gira, entidades espirituais que podemos observar em suas ações, de forma análoga, como a polícia do astral, um poder do Criador que organiza o caos existente na espiritualidade, uma força necessária para o bem-estar do médium e dos assistidos nos trabalhos espirituais. Desse modo, os médiuns do terreiro, bem como os consulentes, recebem o amparo direto destas entidades, que se utilizam dos elementos na tronqueira magnetizados com os fundamentos dos guias de Esquerda, desta forma repassam suas forças curadoras, vitalizadoras, neutralizadoras e protetoras.

Encontramos em quase todas as tronqueiras o elemento terra, retirada de forma ritualista utilizando-se da magia religiosa de pontos específicos, chamados de pontos de força dos Exus e Pombas Giras. Lembrando que a tudo que é retirado da natureza deve-se pedir licença e fazer o pagamento de uma moeda, pois todos os lugares possuem donos, e agindo assim captamos todas as forças contidas ali.

Quando cito donos dos locais entende-se que tudo que trabalhamos estará atuando com matéria invisível de Alto poder; esta matéria só poderá se aglutinar ao trabalho através de energias de troca, ou de vínculo; este pagamento é na verdade uma forma de retirar deste ponto de força tudo que é necessário em termos de vibrações. Em alguns casos, faz-se uma oferenda com padê com pinga e dendê e acendem-se velas e charuto para pedir licença. O padê feito de farinha de mandioca crua, que representa a raiz e a ancestralidade que nos traz a força, o dendê é a representação do fogo e da força mental, as velas são aberturas das portas espirituais e o charuto é a representatividade do fumo, o pensamento indo através da fumaça no tempo.

Como estes servidores da Luz regem as encruzilhadas e as bifurcações, é ali que se concentram poderosas vibrações que são utilizadas dentro da tronqueira; mas além da terra da encruzilhada, ainda se utiliza a terra das montanhas, do cemitério, das matas, dos caminhos, da beira-mar, pois estes servidores da Lei estão em todos os locais, resguardando os mistérios da criação. A diversidade de terras representa as legiões de Esquerda e todas as falanges, atraindo esta força dentro de nossos trabalhos. Sobre encruzilhadas e bifurcações digo assim: é o encontro de poderosas vibrações existentes em nosso planeta, forças horizontais, verticais, perpendiculares pertencentes ao Poder Divino, ao Criador, que foram repassadas separadamente a cada força de Exu, Pomba Gira e Exu Mirim atuante na religião de Umbanda. Tais forças respeitam o magnetismo da Terra, da Lua e do Sol, que em conjunto com os elementos da natureza, com o conhecimento do dirigente espiritual, com suas rezas e orações, fazem toda a diferença nos trabalhos de Umbanda. Ainda sobre encruzilhadas pode-se entender que onde existe cruzamento, onde passam pessoas, ali fixa-se o ectoplasma utilizado como fonte de energias que são aproveitadas também em alguns trabalhos de Esquerda.

O Criador determinou a Exu e a Pomba Gira para serem guardiões destes mistérios, criaram-se assim as várias falanges de guardiões, cada um com uma característica respondendo fielmente aos desígnios de cada trabalho que é ordenado por nossas Divindades Orixás. O Poder do Criador traz forças planetárias que existem ao redor da Terra denominadas de círculo de fogo, mistério interpretado principalmente em Ordens Iniciáticas como os Portais de Libertação, que revela que estes resguardam as passagens aos planos superiores da espiritualidade.

Exu e Pombas Gira são poderosas forças na Umbanda, utilizam elementos e símbolos universais dentro das esferas ritualísticas, e estes mesmos elementos existem dentro de trabalhos de várias religiões e seitas tidas como naturais, que cultuam as forças da natureza. Tendo esta vastidão de trabalhos além da Umbanda, é fato que podem ser utilizados de maneira contrária ao positivismo, pois dá aos leigos a infeliz ideia de que tudo é a mesma coisa, porém somente com informação e formação é que conseguiremos distinguir, aprender e ensinar o que é Umbanda e o que não faz parte da Umbanda. Temos de entender que existem trabalhos fora de uma Ordem positiva, atuante no aspecto degenerativo que muitos confundem com os valores da Umbanda.

As forças existem para que os seres humanos sejam direcionados e tenham caminhos abertos, proporcionando formas de progresso do espírito; entendemos desta maneira, mas todo aquele que atua contra seu próximo recebe os impactos da espiritualidade. Vejo que muitas pessoas, médiuns e assistidos, que em algum momento se utilizaram de ferramentas espirituais para atingirem seus desafetos, ou mesmo fazendo algo para tirar proveitos da espiritualidade, estão fora da Lei e estão recebendo de volta o que proporcionaram, porque tudo é ação e reação, logo passam a reclamar que foram alvo de ataques espirituais, porém, apenas estão recolhendo aquilo que foi semeado. Nesse sentido, chamo atenção do leitor, médium ou dirigente espiritual, pois nem todos que buscam por auxílio espiritual são vítimas, na verdade pagam o preço de algo que fizeram. Sejamos mais atentos a isto, ninguém aparecerá à sua frente falando que fez amarração, ou que foi à encruza pedir destruição a alguém!

Voltando à explanação sobre o elemento terra na tronqueira – essa terra é colocada dentro da tronqueira e as vibrações dos pontos de força das encruzilhadas, matas, à beira-mar, cemitério, caminhos, retirados de forma correta traz as vibrações e magnetismos dos Exus e Pombas Giras que passam a estar dentro do Templo de Umbanda, permitindo aos Guardiões deste local agir nas descargas, utilizando-se das forças das encruzas e dos outros pontos de força mencionados.

A utilização deste recurso remonta há milênios, pois espíritos guardiões sempre existiram. Encontramos seres que atuam em outras religiões que não levam o nome de Exus e Pombas Giras, havendo, porém, muitas analogias. Utiliza-se de forças tripolares; são representadas de forma simbólica pelos tridentes; forças que afastam o negativismo e atraem o positivismo; muitas divindades Hindus trazem esta simbologia. E os nossos guardiões que resguardam os mistérios das religiões de Umbanda e Candomblé, se observarmos, perceberemos que possuem similaridade com tais divindades Hindus mostrando como a espiritualidade é vasta.

A utilização da terra como elemento básico dentro da tronqueira vai ao encontro também da ancestralidade, pois a Terra é sempre a mesma, desde o início dos tempos na formação do planeta, e a energia de nossos ancestrais ali se encontra. É uma força viva e atuante dentro da tronqueira, que é um ponto de força dentro do templo, com vibrações salutares a todos que recorrem em busca de se melhorarem enquanto seres humanos dentro de uma religião.

Além da terra, que é preparada pelo dirigente espiritual com a orientação de nossos Exus e Pombas Giras, encontramos uma diversidade de sementes (garra do diabo), pedras, punhais, tridentes, ervas, velas, ossos, guizos, entre outros elementos que fazem parte do fundamento do guardião daquela casa, não se esquecendo do fumo, representado através dos charutos e cigarros. Dentro da ritualística o marafo e a água são fundamentais para várias finalidades rituais de pedido e evocação.

Se observarmos não existem assentamentos e fundamentações de força de Exus e Pombas Giras iguais, pois cada entidade tem seu próprio mistério, e este ritual só se faz poderoso por completo quando direcionado pela entidade. Então, fundamentos encontrados em livros servem apenas para dar o conhecimento de como é feito dentro de UM rito, porém existem muitos rituais e a particularidade das entidades deve ser respeitada. É aí que está o Mistério e o Poder de uma tronqueira.

Este ponto de força dentro de um Templo de Umbanda só serve para dar suporte, proteção e firmeza ao Templo, nunca em hipótese alguma se utiliza deste local Sagrado para pedir coisas fúteis que não condizem com o Bem e elevação que a Umbanda traz, bem como, utilizar-se de forma degenerada; isto não está ligado ao Mistério Maior do Criador e Suas Leis. Menciono isso por ver que muitas religiões e pessoas que não conhecem este importante fundamento de nossa religião distorcem o significado de uma tronqueira, muito embora haja vários seguidores de Umbanda e escritores que deturpem este mistério, e que deveriam ser classificados de outro nome, menos de religiosos e muito menos de umbandistas. Devemos entender que tudo que pensamos e pedimos em nossas preces, o que emanamos de nossos sentimentos traz uma ação, e toda ação tem reação.

Aproveitando o tema, se faz necessário revermos as questões sobre despachos, ou entregas, nas encruzilhadas, matas, à beira-mar ou em cachoeiras. Dentro de uma tronqueira podemos ter a encruza, o cemitério, a força dos caminhos, das montanhas, das matas. É uma questão de fundamentar os pontos de influxo destas vibrações em preparos específicos dentro de uma tronqueira. Assim evita-se a entrega em tais locais; elas passam a ser feitas no próprio Templo, o mesmo para alguns descarregos que podem ser realizados dentro do terreiro. Isto é um assentamento importante, onde o Exu e a Pomba Gira fundamentam tais forças na tronqueira, trazendo estes pontos de força através dos elementos. E é importante explicar que o cemitério é um local sagrado, é onde estes espíritos guardiões regem para manter o lado espiritual em harmonia através da ordenação do Maioral.

A utilização da terra de cemitério, entre outros atributos, serve de conexão dos guardiões para encaminhar espíritos perdidos aos seus campos de afinidade, bem como quebrar as negatividades que aviltam as pessoas que buscam os templos de Umbanda, libertando-se de influxos degenerados que muitas vezes anulam o caminho de prosperidade das pessoas.

Sempre encontraremos em todas as tronqueiras o marafo (pinga ou uísque). Como já mencionado a respeito do fumo e do álcool, eles representam a pura assepsia espiritual, sendo um elemento que simboliza a união dos elementos contrários, o fogo e a água; e nossos guardiões se utilizam deste mistério para beneficiar os necessitados bem como para proteger o templo. Além disso, é importante ressaltar o quartilhão com água, esta água e demais elementos devem sempre ser completados com o seguinte entendimento:

Exu, te dou água para que me dê caminhos, Pomba Gira, te dou água para que me dê caminhos! Exu, acendo este charuto para limpar o meu campo mental e se houver algum pensamento negativo que seja envolvido por esta fumaça. Pomba Gira, acendo este cigarro para limpar meu campo mental e se houver alguém pensando negativo sobre mim que esta fumaça envolva este pensamento e desfaça o negativismo mental e emocional. Ofereço esta bebida, Exu, para que eu tenha proteção e seu poder; Pomba Gira, ofereço esta bebida para que eu tenha sua proteção e poder. Que Exu me dê o poder da vitalidade e que Pomba Gira me dê o poder do desejo. Peço caminhos abertos, paz, saúde e força para seguir minha vida!

As colocações acima são pedidos afirmativos de ativação dos elementos; lógico que cada médium ou dirigente deve ter sua forma ritual de determinar e direcionar tais forças.

Devemos sempre buscar realizar o entendimento das forças que nos sustentam em nosso conceito espiritual; sendo assim, é de suma importância esta compreensão sobre Exu, Pomba Gira e Exu Mirim, que eles nos dão caminhos e proteção, diferentemente de muitos livros que já tive o desprazer de ler que expõem conotações negativadas a esses guias.

Exu, Pomba Gira e Exu Mirim são agentes da Lei, jamais podem ser vistos como seres que realizam tarefas degeneradas, como amarração, destruição, negativação das pessoas. Se isto fosse verdade, então a Umbanda não seria religião! Embora estes irmãos espirituais estejam próximos das vibrações humanas, com o motivo de nos resguardar das vibrações grosseiras do Embaixo, são mal interpretados até mesmo por pessoas dentro do segmento religioso de Umbanda, desconhecedores da ação e reação, infringindo leis e esquecendo que em breve retornaremos ao plano espiritual.

Não se recorre a nenhuma força espiritual com o fim de pedir coisas fúteis, mas infelizmente faltam dirigentes espirituais que tenham este posicionamento sobre a Esquerda de nossa religião. Esquerda não significa Embaixo; tomemos o exemplo da cruz sagrada, que tem representatividade espiritual para muitos, onde o topo da cruz significa o Alto, o lado inferior da parte vertical, o Embaixo e, na parte horizontal, Direita e Esquerda. Temos aí a representação das forças que atuam na religião de Umbanda através da cruz.

Existem livros que de forma romanceada denigrem a imagem de nossos guardiões; este tipo de procedimento não deve ser aceito por nós, religiosos de Umbanda, que temos um recurso de Luz através destes abnegados servidores da Lei. Usando o bom-senso e entendendo a religião de Umbanda, veremos que estes, que são como policiais no astral, onde curam, orientam, retiram nossas cargas, permitem que os trabalhos corram de maneira elevada e devem ser respeitados. Infelizmente, muitos ainda estão ligados às histórias contadas em escrituras antigas, em que colocaram um Ser que afrontou o Criador; isto é inaceitável; porém, é a cultura do medo que prevalece em nosso meio humano.

Lúcifer (a estrela do amanhã) é um ser mal interpretado. Este Ser é utilizado como fonte do medo para angariar fiéis e movimentar a mente dos ignorantes, fracos mentalmente. Enquanto tivermos em mente que existem forças que possam afrontar a Criação, continuaremos atraindo e caindo no mesmo erro. Atraímos o que pensamos, o que vibramos. Devemos, sim, pedir aos nossos guardiões o discernimento adequado, para assim sermos vistos como verdadeiros servidores de Deus dentro de nossa religião.

Falando sobre as antigas religiões, muitas delas serviram para escravizar as mentes, podar os aspectos espirituais e controlar, conduzindo as pessoas e cerceando toda uma forma interpretativa da espiritualidade. Infelizmente, ainda vejo muitos caindo exatamente nos mesmos erros. Não existe nada a temer, a não ser nossa própria ignorância em não entender que as forças religiosas estão aqui para nos beneficiar e elevar nossa consciência.

Ao compreendermos que um espírito guia de Direita quando manifestado em seu mediador possui um Exu, uma Pomba Gira e um Exu mirim, ao seu lado como mensageiro e protetor do trabalho, passaremos a entender e a interpretar o trabalho destes que estão servindo a Lei Maior. São eles que adentram as esferas mais sombrias para romper forças que atuam sobre os seres encarnados.

É importante ressaltar que existem muitas Umbandas que não possuem giras ou fundamentos de Exus e Pombas Giras; isto é natural, principalmente quando este trabalho está miscigenado com o trabalho espírita, os chamados centros kardecistas, mas que têm o trabalho com os espíritos guia de Umbanda. Nestes locais, os tratamentos, bem como a forma de atuação, são atenuados pelas forças que regem a Umbanda. Cada casa é vista pela cúpula de Umbanda de maneira diferente; existem templos que são doutrinários, outros trabalham com curas, alguns focam nos estudos, muitos atuam sobre as demandas e ainda há os templos que trabalham com todas as formas de atuação.

Aqueles templos que não possuem as defesas de nossos guardiões de forma fundamentada, onde não possuem as tronqueiras e elementos que combatem os impactos, não agem como sustentadores de vibrações de nossos guardiões, mas passam a ser locais para onde são direcionadas pessoas que não possuem aspectos trevosos a serem trabalhados ali. Quando existem pessoas necessitadas de algo a mais, estes são direcionados para outras casas, ou, estarão amparados pela espiritualidade desde que haja o que chamamos de merecimento. A espiritualidade encaminha as pessoas aos locais ideais para que estes sejam bem assistidos.

Para os umbandistas é importante ressaltar a tarefa de Exu Mirim. Muitas pessoas pensam que estas entidades são criancinhas; na verdade, são seres de alto grau de maturidade, e Exu Mirim entra em muitos lugares nos quais Exu ou Pomba Gira não entra. Dentro de meu trabalho, Exu Mirim é mensageiro, passa informações com antecedência de prováveis acontecimentos. Traz o mistério atemporal e está em muitos lugares ao mesmo tempo; não são visualizados por seres negativados e passam a ser envolvidos pela força de Exu Mirim sem o saberem.

Quem tem proteção de Exu Mirim é beneficiado por uma entidade que honra seu médium. Outro mistério de Exu Mirim é que permite que ele não seja detectado, ou visto; em muitos ambientes é sua ação de paralisar e manipular o tempo. Não se engane quando se trata de Exu Mirim, ele é poderosa força em um templo, e dentro de uma tronqueira ele tem seu lugar! É um espírito que vem de forma infante para envolver a todos com sua forma de atuação!

Gostaria, agora, de tocar em um ponto delicado e polêmico para muitos, qual seja, o sacrifício de animais, ou sacro-ofício. Antes mesmo de explanar a questão peço que pensem comigo. O sacrifício animal vem de tempos remotos em ritos milenares religiosos importantes na espiritualidade; embora alguns terreiros de Umbanda não o façam, deve ser respeitado e existe este tipo de trabalho espiritual com seus fundamentos. Na religião de Umbanda, em geral, se utiliza deste recurso, embora saíbamos que muitos cultuam este procedimento que é normal e fundamento de base em trabalhos onde se oferece um banquete à Esquerda.

Agora pergunto. Você se alimenta de carne? A grande maioria das pessoas se alimenta de algum tipo de carne, come hambúrgueres, vai às churrascarias, sendo uma fonte importante de proteína. Se estes que possuem este hábito são contra os sacrifícios animais, não seria uma espécie de hipocrisia? Aqueles que são vegetarianos eu concordo que sejam contra, pois é o exemplo comportamental de fato. Mesmo assim deve ser respeitado o Oro, que é a forma de ativar a força do assentamento através do sangue; utiliza-se dos pés, cabeça, asas e vísceras, a carne é preparada e servida como banquete sagrado. Portanto, é melhor do que a carne que se compra em açougues, pois o animal foi rezado e não sente a dor das atrocidades dos frigoríficos.

Agora, a barbárie acontece mesmo nos frigoríficos, que realizam verdadeiras chacinas. O animal sente quando vai ser morto; este impacto fica na carne, bem como as vibrações dos traumas anteriores ao sacrifício, o que é diferente do animal dentro de qualquer rito religioso, onde é rezado e entra em uma espécie de transe. Assim, o animal não sente o impacto do sacrifício, e ainda servirá de alimento após o ritual para o qual foi sacrificado. Mas, por que deste tipo de rito? A energia vital de um animal é importante na consagração de um iniciado no Candomblé e em algumas Umbandas, bem como existem algumas tarefas onde, segundo o ritual, ela é necessária, como por exemplo, para decantar uma enfermidade ou para quebrar um trabalho negativado onde foi utilizado o mesmo elemento.

No Candomblé, o sacrifício é tema recorrente e comum, existindo aves específicas que estão ligadas às forças do Orixá. Seguindo a linha de compreensão do porquê da utilização de sangue (Igé) no rito de nação, vamos ao passado. Antes, as tribos guerreavam entre si, onde escravizavam os inimigos. Cada tribo tinha um Deus, ou uma divindade Orixá que regia aquele povo. Antes das batalhas eles realizavam cerimônias para se consagrarem a esse Deus, banhando-se em sangue para absorver o axé (força).

Para podermos compreender este procedimento é necessário interpretar o porquê deste rito. Uma divindade Orixá, quando evocada em ritos como era feito, se aproximava do campo espiritual do guerreiro quando este recebia o Igé em sua cabeça, no Ori; assim, este Orixá não volitava para sua dimensão e essa divindade ficava vinculada ao campo espiritual do guerreiro, passando toda força a este. É o que ocorre no culto de nação; o iniciado recebe o Igé em seu Ori, e o Orixá passa a vibrar durante sete anos em seu campo mediúnico espiritual. O que foi utilizado pelos povos para as guerras, hoje, é utilizado para dar ao iniciado a conexão com a força de um Orixá. Agindo desta maneira e com a força de Orixá assentado, o iniciado passa a conquistar muitas coisas na vida, agindo na saúde, prosperidade, etc. Este é o procedimento dentro do Candomblé, sendo um fundamento que deve ser respeitado, mesmo que não esteja dentro de sua filosofia. É milenar!

E deve ser deixado bem claro que se trata do Igé de aves, na grande maioria, havendo, entre outros menos habituais, o de cabritos e bois. Em regra, não existe outro tipo de sacrifício feito com outros animais. A pequena abordagem deste tema é para chegar a um ponto: eu, dentro de minha concepção religiosa de Umbanda, utilizo deste recurso por recomendação do meu guardião Senhor Exu Mangueira: "Se precisar salvar a sua vida, não me importarei com o galinheiro". Isto, na necessidade de salvar a vida de alguém, de anular uma força contrária, na ativação da força da tronqueira, no preparo de um médium, sempre com finalidades dentro da Lei Maior!

Quando falamos em fundamentos de assentamento de forças dentro do culto de Umbanda entram as ervas, frutas e bebidas, e, ainda, outros elementos, como por exemplo, pedras, que agem como agentes catalisadores dos Mistérios dos Orixás e de seus pontos de força. E assim o é dentro do conceito dos espíritos de Luz na religião; como a religião de Umbanda é plural à de se encontrar ritos dos mais diversificados, inclusive com características similares às citadas dentro do culto de nação. Ainda sobre esta diversidade, conheci também templos de Umbanda que não utilizam nenhum tipo de oferendas e, no entanto, realizam grandes trabalhos na espiritualidade.

Hierarquia na Esquerda

A organização espiritual que existe na Esquerda da Umbanda é base de fundamento de seu entendimento; compreender a função de nossos Exus, Pombas Giras e Exu Mirim faz a diferença para o médium, para todos os que querem interpretar de forma correta a espiritualidade. Como já citado, a visão sempre será sobre formas positivas da Criação. Neste Poder Criador vislumbramos a Onipotência, Onipresença para com toda a existência e esta visão de gênese deve ser desmistificada com o olhar amplo, que por sinal é para poucos estudiosos da espiritualidade. As várias teorias de caos e descontrole aparente que as religiões dispõem sobre os campos do Embaixo apontam um Deus que não possui o domínio sobre sua Criação. A máxima de que existe um poder destrutivo que atua diretamente sobre os encarnados deve ser revisto, pois observamos que os padrões negativados só são abertos por nós encarnados através de nosso negativismo.

Com isto, observa-se que o Embaixo não atua sobre nós, mas sim é ativado sobre nossas vidas. Esta ativação é totalmente por escolhas humanas, não são escolhas dos seres detentores dos poderes do Embaixo. Seres do Alto, Embaixo, Direita e Esquerda são Poderes da Criação; entre todos estes nenhum vibrará sobre nós sem que haja a determinação, vontade e magnetismo de afinidade do encarnado. Existem Seres de Luz ao nosso redor, como existem seres trevosos ao nosso redor, todos ligados às esferas humanas, dando-nos a oportunidade de escolhas.

As religiões realizam em sua grande maioria um papel, fazer com que os humanos sigam um padrão positivo luminoso, ensinando regras que por sua vez assimilam o negativo do Embaixo como destrutivo, mas as interpretações devem ser bem colocadas, interpretadas de forma sensata.

Quando um ser trevoso atua contra alguém devem ser observados alguns pontos:

- O ser, por sua vez, não atua contra o outro sem que haja a projeção de outro encarnado.
- O encarnado pode estar na linha de afinidade deste ser trevoso.
- O encarnado pode estar sofrendo os choques das cobranças da Lei.

A vitimização é recorrente em nosso meio onde o ser humano coloca-se como afetado por uma força da qual ele mesmo deve ter proporcionado, e mesmo que recebeu um ataque este deve ser apontado como merecedor por não estar ligado ao Poder do Alto. Todo religioso, ou profano, precisa entender que quando ligado aos pensamentos virtuosos e com a participação com seu lado espiritual positivo, estará protegido, mesmo se estiver sobre ataques.

Nós, religiosos de Umbanda, temos o dever de entender que estamos em uma religião de choques, vez ou outra receberemos em nós alguns choques espirituais. Neste momento que atua a nossa Esquerda, para eliminar o que não é de nosso merecimento! O pensamento e lado emocional devem estar ligados ao amor aos seres humanos, mesmo que estes estiverem atacando, difícil isto, sim e não aceito por muitos. Porém, não existe religião e motivos de estar nela sem que haja a compreensão na existência de reencarnação e vida pós-desencarnação. Fazer a nossa parte, desejar coisas boas às pessoas é o caminho para o Umbandista, ou para qualquer ser humano. Para os que pensam diferente digo assim, estas linhas podem ser de um pensamento duro, mas é o que te levará aos planos superiores após sua passagem. Utilizar a Esquerda para negativar mais ainda os outros, ou utilizar sua Esquerda para deturpar a Lei te faz escravo de forças do Embaixo, não quer dizer que as trevas acabam com você, mas você que ativa uma força de forma desinteligente, que te aprisiona por sua própria conduta.

As estruturas espirituais da Umbanda estão em variações atendendo aos diversos grupos de trabalho. Entende-se que existam Umbandas, e tais trabalhos diversificados são propositais, onde os espaços religiosos atendem às necessidades espirituais de grupos distintos. Por este motivo, as variações de interpretação, mesmo de trabalhos em fundamentos, podem ter algumas diferenciações. Porém, é necessário o bom-senso, ainda que existam estas variações, existem os devaneios em ritos, fundamentos e até linhas criadas para atender ao ego e ao lado inescrupuloso de quem ganha com tais invenções.

A Esquerda da Umbanda possui propósitos dos mais variados: elevar, proteger, dar caminhos, atrair forças, direcionar, desmagnetizar, magnetizar, energizar, estimular, vitalizar, anular etc.

Características dos vários Exus de trabalho que atendem à religião de Umbanda, dependendo e muito do lado humano e como interpreta e interage com este Poder.

O lado psicológico do médium deve ser levado em conta. Ao lado do caráter este aparelho dos guias é a porta aberta para todo um trabalho espiritual. Por este motivo, cito a necessidade da vivência mediúnica aliada aos ensinamentos da casa para com este médium. O trabalho contínuo com os guias ao longo dos anos trará conhecimento e alicerce, desde que este médium busque entender tudo que é realizado dentro do rito religioso.

Nunca se faz o que não se entende, nunca deixe de perguntar os fundamentos do que se recebe de informação ou trabalho. Tudo isso estará formando seu lado mediúnico e dando condições adequadas para trabalhar com os guias espirituais.

No caso dos Exus não é diferente, pois para um médium se tornar completo é necessário esta trajetória, digo que pelo menos sete anos de trabalho, firmezas, cruzamentos e fundamentação de suas primeiras forças. Trabalhar com passes no início e posteriormente iniciar o trabalho de consultas. Lógico que existem médiuns que são precoces em se tratando de vivência, mas mesmo assim creio que esse período seja necessário.

Para entendermos as hierarquias de Esquerda é necessário entender mais acerca dessas responsabilidades, pois não é apenas ler e conhecer, precisa ter vivência, maturidade e preparo. As estruturas das hierarquias são universais, ou melhor, tudo que existe na espiritualidade segue esta regra, bem como aqui no plano dos encarnados tudo que não dá certo foi porque esta Lei foi corrompida.

Seguimos as explicações da Cruz, do Alto recebemos Poderes, Ondas e Magnetismos dos seres que projetam a Luz. Do Embaixo recebemos Poderes, Ondas e Magnetismos dos seres que projetam a Absorção. Da Direita recebemos dos guias o repasse desta Luz do Alto. Da Esquerda recebemos dos Exus o repasse deste Poder de Absorção.

Embora existam vários atributos dos seres dos quatro pontos, estes são a base de regra para que possamos entender o trabalho de nossos guias de Direita e Esquerda para conosco no meio humano – os guias trazendo o refinamento dos poderes do Alto, os Exus trazendo o refinamento dos poderes do Embaixo, proporcionando assim as proteções necessárias para nós umbandistas. A Trindade do Embaixo, em que Lúcifer, Belzebu e Asteroht são os pilares da Hierarquia da Esquerda da Umbanda. Volto a ressaltar a ação Criadora que possibilita interpretar o Todo como Poder neutro, disponibilizado através de interpretação humana, seguindo as ondas mentais daqueles que ativam este mistério.

A hierarquia que se segue tem a finalidade de instruir, mostrando os principais Exus chefes de falange seguindo com a linhagem das Pomba Giras (Exu feminino) com a regência de Astarte. Estas informações servem para os religiosos de Umbanda entenderem que tudo que está na existência respeita uma hierarquia. Esta organização de linhagem traz alguns dos Exus e Pomba Giras que comandam a Esquerda da religião dentro de uma teoria.

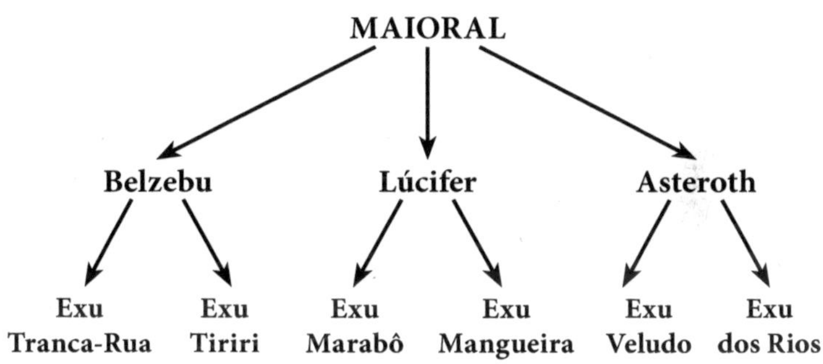

Astarte
Maria Padilha
Maria Farrapo
Rosa Caveira
Sete Saias
Maria Molambo
Maria Quitéria
Maria Navalha
Rosa Negra
Dama-da-Noite
Cigana
Sete Navalhas
Rosa Vermelha
Rosa dos Ventos
Rainha da Encruzilhada

Exu Omulu

Exu Tata Caveira

Exu Brasa

Exu Pemba

Exu Maré

Exu Sete Poeiras

Exu Sete Catacumba

Exu das Matas

Exu Sombra

Exu Seu Madrugada

Exu Quebra Galho

Exu do Cruzeiro

Exu Sete Ossos

Exu Lord da Morte

Exu Sete Espadas

Exu da Montanha

Exu Lonan

Exu Sete Capas

Exu Sete Facas

Exu Pagão

Exu Sete Cruzes

Exu Calunga

Exu dos Ventos

Exu dos Rios

Exu Pinga Fogo

Exu Tira-Teima

Exu Sete Encruzilhadas

Exu Ferrabraz

Exu Gargalhada

Exu Rei

Exu Treme Terra

Exu Trinca-Ferro

Exu Garra de Ferro

Exu Porteira

Exu Meia-Noite

Exu Mirim

Exu Pimenta

Exu Malé

Exu Kaminaloá

Exu Curado

Exu Gato Preto

Exu Pedra Negra

Exu Capa Preta

Exu Águia Negra

Exu Sete Liras

Exu do Lodo

Exu Sete Chaves

Exu Arranca-Toco

Exu Tronqueira
Exu Sete Montanhas
Exu Gira Mundo
Exu Labareda
Exu Morcego
Exu Sete Porteiras
Exu Carangola
Exu Capa de Aço
Exu Bará
Exu Sete Facadas
Exu da Lama
Exu Cobra
Exu Pantera Negra
Exu da Madrugada
Exu Quebra Toco

Uma tronqueira segue a organização acima apresentada e se fundamenta com sua hierarquia com altar em forma piramidal, onde acima encontraremos Lúcifer, Belzebu e Asterot, obedecendo a uma sequência abaixo Astart e os Exus e Pomba Giras da casa, sendo que no chão ficam os fundamentos vibratórios principais do dono da casa. Outros fundamentos ficam enterrados no chão! Um assentamento de Exu segue em muitos casos com o mesmo padrão, ferramenta de ferro, elementos correspondentes a ele, ou ela no caldeirão de ferro, fechando com argila com os búzios e a pedra para ativação com o Ejé.

Quimbanda

Irei abordar três tipos de Quimbanda para que os irmãos possam apreciar e colocarei aqui como se faz o assentamento de uma destas forças: Quimbanda Angolana, Quimbanda Luciferiana, Qanduimbanda como prática nas ingiras de Esquerda na Umbanda.

Quimbanda Angolana: Trata-se de prática de atuação espiritual em que o praticante angolano é visto como um doutor, ou feiticeiro no sentido elevado da expressão. Nas práticas espirituais de Umbanda quando atuamos contra seres trevosos, utilizamos nomenclaturas como zombeteiro ou um encosto, seres negativados que atrapalham a vida das pessoas trazendo doenças e infortúnios diversos. Nas práticas Angolanas as pessoas desconhecem tais nomenclaturas sobre espíritos negativados.

Quando uma pessoa está doente, ou existe alguma coisa ocorrendo na vida de maneira ruim, o Quimbandeiro se utiliza de práticas espirituais, seja com elementos, ervas na forma de defumação como ação medicinal, ou mesmo com banhos e rezas específicos no tratamento. Existem oferendas utilizadas sempre sobre este olhar do Quimbandeiro visto como um doutor, sem as características normalmente vistas aqui no Brasil. O ajeum (alimentação sagrada) é oferecido como remédio, seja este alimento composto de frutas, grãos, leguminosas ou mesmo de animais, tudo feito dentro de preceitos obedecendo à prática das rezas reverenciando poderes espirituais sagrados. Ao citar animais, observamos como sacro alimento (sacrifício), respeitando o animal que servira de banquete aos Orixás com o Axé necessário para ajudar os necessitados.

Quimbanda Luciferiana: A Quimbanda Luciferiana não possui ligação com forças de Orixás, sua base e compreensão estão fundamentadas em Lúcifer (a estrela do amanhã), Belzebu (Bafomé), Asteroht e Astarte, filha de Baal, Maioral (como fonte da Criação). Entre vários entendimentos sobre o tema, trago aqui algo que cultuo como forma de trabalho à parte de Umbanda.

A Quimbanda Luciferiana pode ser vista como uma religião, se completando sem a necessidade de recorrer a nenhum outro tipo de ligação com outras características e formas de interpretação religiosa, tendo como base o Criador, como fonte de todas as coisas, visto nesta religião como o Maioral, organizador do universo, provedor de Tudo e Criador de Todos os seres.

Entende-se que foi direcionado seres para os planetas, entre eles a Terra, onde estes processam sua evolução, porém, aqui na Terra os seres existem de forma física, fluídica e espiritual, unindo uma forma organizada de evolução, tendo por poderes responsáveis Lúcifer, Belzebu, Asteroht e Astarte.

Tendo em vista que tudo que existe desde os primórdios do entendimento do homem está no campo da teoria, as colocações podem chocar todos aqueles que vislumbram os Orixás, os guias de Umbanda, os anjos como sempre citados, os santos e rezas aplicadas sobre as interpretações de Deus.

Nenhum desses Seres são contra os aspectos evolutivos, porém são aplicadores de uma Lei Una ação e reação; não são negativados dentro do ponto de vista da Quimbanda Luciferiana, são sim extensões do pensamento inteligente e correto, não aceitando a interpretação destrutiva comumente atribuída às suas forças. São aplicadores das leis do Maioral, que se destinam a buscar o bem-estar, o viver bem e o respeito ao próximo. Contudo, mal interpretado, ao se utilizar desta força de maneira errada os choques são terríveis, trazendo dor e destruição a quem não sabe lidar com a magia da noite.

Lúcifer, senhor da Luz, da magia e dono do pensamento; Belzebu, senhor da noite, dono de todas as formas animais; Asteroth, senhor dos exércitos das trevas; Astarte, senhora da guerra e da sexualidade. Dentro da religião Quimbanda Luciferiana não existe trabalhos de ataque contra desafetos como a maioria pensa; características humanas de sentimentos destrutivos são vistas como desinteligência humana, não coadunando com as forças de seu fundamento.

A meditação e a busca do entendimento de si mesmo são formas de aprimoramento do espírito; os sentimentos devem ser dominados pelo praticante; entende-se que as emoções descontroladas levam o homem para esferas da ignorância. O magnetismo é fonte da religião Luciferiana, em que a Kundalini é o (efeito bio-elétrico ativado através do domínio da mente). Esse processo é a junção da influência mental de Lúcifer, a serpente do poder de Belzebu, força dos exércitos das trevas de Asteroth e a força sexual e guerreira de Astarte.

O magnetismo mediúnico está baseado como fonte de poder através do entendimento destas forças na religião Luciferiana. Entende-se que o poder magnético kundalini pode ser explicado através de alguns exemplos. Jesus Cristo possuía um dos maiores poderes kundalini conseguindo prender atenção de muitas pessoas. Outro exemplo que podemos dar é Hitler que se utilizou de maneira destrutiva de tal poder. Todo médium possui esta fonte de energia em si, cabe a ele desenvolver através de práticas de meditação, iniciações e busca de conhecimento.

Uma das finalidades da Quimbanda Luciferiana é Poder, riqueza e proteção! O silêncio nas práticas é base de fundamento, nem tudo se abre sobre esta Quimbanda, uma vez que requer iniciação e ser apontado para ser membro.

Quimbanda na Umbanda: A Umbanda tem sua característica de atuação baseada no poder de

Deus como Criador de todas as coisas, sendo os Orixás extensões de um poder que é relacionado aos pontos de força da natureza, matas, mar, cachoeiras, pedreiras, caminhos, etc. A Esquerda da Umbanda pode ser vista na visão da Cruz, Alto, Embaixo, Direita e Esquerda, trazendo a simbologia e interpretação da ação Total desta religião nas esferas e planos do Alto, Embaixo, Direita e Esquerda através da simples tradução da cruz.

Na visão de fundamento da Umbanda que pratico cultua-se a Trindade Lúcifer, Belzebu e Asteroth como líderes das hierarquias da Esquerda. Diferentemente do que muitos pensam, Exú, Pomba Gira, Exu Mirim não habitam as esferas do Embaixo, eles atuam sobre tais esferas sobre o comando da Trindade, adentram a fim de realizarem seu trabalho, contudo estão à Esquerda da criação e não no Embaixo.

No Embaixo habitam comandos que atuam na absorção dos seus afins. É fundamental entendermos que nenhuma forma degenerada atua do espiritual diretamente ao plano neutro humano, sempre necessitará de outro encarnado para que haja o levante de forças negativadas.

No Alto reflete os Poderes do Criador emanando sua Luz a todos juntamente com as forças de Orixás. À Direita estão os Guias de Luz, que atuam à Direita da espiritualidade comandando todas as hostes existentes. À Esquerda se encontram os Exus, Pombas Giras, Exus Mirins, dentro da concepção de Umbanda, comandados pela Tríade Lúcifer, Belzebu e Asteroth.

A religião de Umbanda em parte trabalha com as forças da Quimbanda, isso não significa que todos cultuem tal denominação, se referindo aos Exus, Pomba Gira e Exu Mirim como guias de Esquerda. A expressão Quimbanda é antiga, em que encontramos os Caboclos Quimbandeiros, Preto Velho Quimbandeiro, Baianos Quimbandeiros, lembrando que a Quimbanda na Umbanda existe com significados diferenciados.

Infelizmente, existe uma parcela de pessoas que desvirtuam as práticas da Quimbanda na Umbanda, agindo de maneira destrutiva e atacando seus desafetos com forças negativadas, lembrando que tais práticas não pertencem à Umbanda e nem à Quimbanda. A desinteligência infelizmente é natural para todo aquele que desconhece as Leis do universo, tudo que vai volta, pois todas as ações sempre estarão dentro da lei de ação e reação.

Quando existe um guia de Direita que atua com a nomenclatura Quimbandeiro observamos que este está ligado a forças das quais interferem anulando diretamente os ataques negativados de ações desvirtuadas proporcionadas por outros encarnados.

A Quimbanda exercida na Esquerda da Umbanda denota a ação inteligente dos nossos Exus, Pombas Giras e Exus Mirins que dentro de sua ritualística indicam formas litúrgicas únicas em favorecimento aos necessitados. É fato que estes trabalhos de Alta Magia, chamados de magia da noite, requerem entendimento, tendo em vista que o médium deve estar preparado para ter esta ligação com o poder da Quimbanda. O que significa isto?! Como já citado, quando foi colocado que o médium é o senhor de seus caminhos e responsável por ele mesmo, a ética espiritual deve estar acima de qualquer questão, tendo-se em mente que um poder mal utilizado pode colocar em risco, sim, uma pessoa despreparada ou que tenha seu ego exacerbado.

O assistido, ou consulente nas sessões espirituais, em grande parte, não possui compreensão necessária do que ocorre na ação espiritual com nossa Esquerda, por vezes busca coisas vans, o mesmo ocorre com grande parte de médiuns, que por motivos diversos estão longe de interpretar a ação da Esquerda na sua própria religião.

Em nenhum momento a Quimbanda age com intenções destrutivas ou que venha desrespeitar as leis do universo, pois não se pode entender defesa com agressão! Na verdade, assim como qualquer religião que atua na elevação do ser, educando as pessoas e priorizando a família, como explica a Carta Magna da Umbanda, documento internacional da religião. A atuação sem conhecimento em religião não é apenas na Umbanda, uma vez que muitos dirigentes de outras religiões tiram proveito de fiéis desprovidos de conhecimento, e desfrutando assim desta falta de conhecimento levam muitos ao erro; ou mesmo quando tais religiosos atuam como donos da verdade e agem fanaticamente de maneira destrutiva agredindo, matando e cometendo barbáries contra outros seguimentos.

A Umbanda, como religião que atua sobre os impactos da espiritualidade, possui seus fundamentos de Esquerda com finalidades específicas de proteção, elevação, direcionamento e compreensão da vida. Tendo em vista tais aspectos e se tratando de uma religião totalmente magística contemplativa e ritualística, possui fundamentos que se utilizam de elementos da natureza. Esses elementos, no caso de assentamentos de Quimbanda, respeitam por muitas vezes o que o Exu ou Pomba Gira do chefe do terreiro determina. Diferentemente dos assentamentos normalmente realizados nas tronqueiras, alguns elementos de Alta Magia fazem parte deste arsenal.

Os elementos são: Mercúrio (Hg), Chumbo (Pb), moedas, tridentes, punhais, pedras, guiso, osso, carvão vegetal e mineral, vela, espinho de ouriço, dois chifres de bode, entre outros específicos na ativação. No assentamento sobre a pedra Ônix é necessário que seja feito Oro, os preparos, disposição e ritual que não serão colocados aqui, pois acredito que não seja objetivo destas informações serem objeto de fórmulas sem a ciência da espiritualidade indicando os passos. Além dos elementos dispostos é necessário que haja veneno de cobra, ou aranhas, ou ambos.

Os elementos tóxicos possuem funções no lado espiritual, o veneno tem a força da cura de doenças diversas; o mercúrio é a base mental vibracional do poder ativador; o chumbo é anulador de forças contrárias, as moedas representam prosperidade; tridentes e punhais representam a força dos Exus, Pomba Giras, Exus Mirins e de todos os Quimbandeiros atuantes na casa.

O guiso traz a força de aviso contra-ataques e afasta encarnados mal-intencionados; as pedras trazem o poder ancestral da Quimbanda; o osso, é uma agente de Alta Magia, que pode ser osso de boi. Carvão vegetal e mineral atua absorvendo os impactos mentais e espirituais contra a casa; vela como elemento de ativação; espinho de ouriço como elemento perfurante e irritante para aqueles que por ventura estejam em vossa casa com má intenção. Os chifres de bode são representação da sabedoria espiritual, sem contar o poder vibratório ligado ao Mistério de Lúcifer.

Tridentes e ponto riscado na Esquerda da Umbanda

Os tridentes sempre foram um dos ícones mais incompreendidos pelos profanos e por muitos que militam na religião de Umbanda. Há anos religiões sensacionalistas vêm deturpando este símbolo sagrado, bem como encontramos este elemento sempre atribuído a ações degeneradas ou que causam no imaginário popular o medo e a repulsa. Recorrendo mais uma vez à História e a outras divindades de outras religiões, observamos que é um símbolo milenar e que possui grande representatividade principalmente na religião Hindu. Posseidon na Grécia ou Shiva na Índia, entre outros, são exemplos de divindades que utilizam o tridente representando a força espiritual, proteção e determinação.

Dentro do conceito religioso de Umbanda a utilização deste símbolo vai bem além, nos rituais de Esquerda o tridente é um tipo de Cruz utilizada na Esquerda da religião representando as muitas legiões de Exus, Pomba Gira e Exu Mirim, seja como ferramenta de trabalho, ou no ponto riscado é um poder dentro dos rituais mágicos religiosos de nossos guardiões na Umbanda. O tridente em sua tríplice força pode ser a ação de um Exu, de seu ponto de força, ou mesmo relacionando aos nossos Maiorais, que através da posição dentro de um círculo feito de pemba corresponderá a magnetismos distintos ativados por um Exu na execução de sua firmeza.

A pemba como se compreende é feita de calcário e capta as forças espirituais dos guias. Conhecida como a pedra que risca, é um agente mágico poderoso. Os signos que seguem nos pontos firmados representam os poderes e pontos de força dos guias, e no caso dos nossos Exus eles são verdadeiros elementos desta magia religiosa como bruxos, feiticeiros e Quimbandeiros.

A manipulação de energias, através de magnetismos, dá ao Exu que traça seu ponto autonomia de adentrar as vibrações desejadas por estas entidades a fim de fundamentar poderes inerentes aos mistérios pessoais deles. Um Exu pode através de seu ponto riscado ativar suas firmezas que estão na tronqueira, ou mesmo atrair as vibrações das encruzilhadas ou qualquer outro ponto de força pertencente a ele. Os tridentes, ou energias tripolares podem representar sua força, a de sua falange e mesmo ativar outros trabalhadores que estão a serviço dele como escravos de trabalho (espíritos de encarnados que caíram e estão no processo de aprendizado).

Os pontos riscados seguem um padrão de serem fechados com um círculo que representa o todo, o universo espiritual, ou mesmo as vibrações da casa. Para podermos entender, existem pontos riscados que são de firmeza, outros são específicos para demandas, chamados de demandatórios, pontos para cura, abertura de caminhos, desenvolvimentos e com inúmeras finalidades dependendo do Exu, do médium e do trabalho que a casa desenvolve.

Normalmente, o Exu do dirigente espiritual cria um ponto que não é riscado, mas sim feito com fundanga (pólvora) que passa a magnetizar o solo do terreiro proporcionando proteção caso ocorra qualquer tipo de força contrária no solo. Exemplo: se existir outra entidade que faça um ponto que não corresponda às ações do espaço, ou mesmo que ocorra de existir força que não condiz com as diretrizes do terreiro.

Os tridentes são a representação básica dos nossos Exus, seja como fundamento feito em ferro colocado em assentamento, ou riscado em pontos ou mesmo em cruzamentos de Exu para com médiuns ou assistidos. Normalmente, quando os tridentes estão voltados para cima correspondem ao norte aberto por ele representando sua força a ou dos maiorais, para baixo estão representando decantações e quebra de forças contrárias, na horizontal os tridentes estão ligados à esfera humana dos encarnados, trabalhando ações específicas.

O "desenho" e sua posição podem corresponder dentro das inúmeras finalidades de atribuição a muitas coisas, sendo para nós médiuns ocultados por nosso próprio Exu. Cada trabalho tem seu mistério, sua força e sua magia.

Todo ponto riscado tem sua particularidade, possui magnetismos gigantescos; para podermos avaliar um ponto riscado ele é um portal de acesso a outras realidades espirituais, dando condições de direcionar seres e energias, do mesmo modo que um imã atrai ou repele, por isto a responsabilidade de um médium é tão grande, e a chamada mão de pemba foi tão resguardada de místicas em que algumas escolas iniciam médiuns para instruí-los dentro de uma doutrina positiva. Porém, como citado, ser médium e ter consciência de sua responsabilidade ainda é para poucos. Ao meu ver, a manipulação de poderes espirituais sem o preparo devido assemelha-se a uma criança brincando com um copo de veneno. Um médium mal instruído e sem preparo pode abrir um ponto riscado de maneira errada, isto ocorre muito com médiuns que passam à frente do guia, podendo prejudicar sua vida e a de outras pessoas. Nestes casos, o dirigente espiritual tem o dever de instruir e preparar adequadamente este médium. Por isto que ressalto mais uma vez que a vivência confere ao iniciado a experiência necessária, seguida dos assentamentos e dos fundamentos devidamente explicados.

Os tridentes, bem como demais elementos e signos riscados dentro de um ponto, são parte de um Poder na Criação, que aglutinam uma força abrangente, adentrando a todas as camadas de vibrações, seja de um ambiente ou de pessoas. Desde o início do universo a expansão se deu por ondas, estas ondas possuem formas específicas e trazem em si forças correspondentes à ação criadora, onde formas se estabeleceram e se estabelecem seguindo um processo dentro destas ondas.

Tudo que foi criado possui um DNA e este por sua vez segue este padrão de formas. Estas formas da criação que se expandem desde o início do Universo formam telas magnéticas que na verdade são o Todo ou Tudo que está na existência, seguindo padrões que se diversificam com ondas específicas. Trazendo para nossa compreensão, todos os símbolos utilizados em um ponto riscado, bem como todos os elementos que utilizamos nos assentamentos, são pequenas partes do Poder do Criador armazenado e utilizado por uma ciência espiritual.

O ponto riscado fechado com círculo corresponde a movimentos do universo, girando em torno deste círculo no sentido horário e anti-horário forças que atraem e repelem. Estas mesmas forças são representadas na ingiras, ou giras de trabalho, onde o significado é "ato de girar", desta forma o corpo mediúnico está em conexão com as mesmas vibrações que se fixam nos pontos riscados. Dentro de um terreiro encontramos tais forças circulares, que se unem às perpendiculares, verticais e horizontais. Por isto que o guia chefe do terreiro cruza os cantos, fundamenta o meio do terreiro com suas forças juntamente com as vibrações do altar.

Entende-se assim que desde as forças dos pontos riscados dos nossos Exus, bem como os de nossos guias de Direita, estão todos entrelaçados dentro de um único sentido – dar ao espaço condições litúrgicas para uma infinidade de procedimentos realizados por eles. Observamos assim que não existe separação dentro do lado espiritual em relação a trabalhos, pois estão organizados em ondas vibratórias, onde uma não ocupa o espaço da outra.

Magnetismos distintos direcionados com a mesma finalidade, interligam desde a pedra dos fundamentos, fios de conta dos médiuns, fundamento de chão, altar e tronqueira, atraindo os respectivos guias que ocupam sua faixa vibratória distinta na execução da tarefa edificante de elevar os seres encarnados em uma nova e melhor condição mental e emocional, proporcionando assim sua evolução.

Médiuns, valorizem seus guias, valorizem o trabalho de Exu, Pomba Gira, Exu Mirim e Quimbandeiro, pois estes agentes espirituais através desta ciência podem ajudar a humanidade em sua evolução.

Ondas magnéticas em planos da Cruz

Existem diferenciações vibracionais magnéticas graduais em relação a determinados seres que ocupam os planos espirituais seja no plano neutro dos encarnados, seja nos planos virtuosos dos guias ou degenerados dos seres desajustados. Os seres espirituais atuam sobre nós seres humanos dentro do padrão já mencionado, por afinidade de onda magnética. Assim como sintonizamos uma emissora de rádio por ondas eletromagnéticas, que possuem comprimento de onda maior e menor que viajam na velocidade na luz no vácuo, sintonizamos e acessamos os planos ao nosso redor.

As ondas eletromagnéticas são geradas naturalmente por raios, mas podem ser reproduzidas por geradores produzindo a eletricidade. Dentro de outro padrão a eletricidade é encontrada no cérebro e no nosso corpo mantendo um magnetismo que vibra em ondas bem específicas. Cada ser humano tem um tipo de onda vibratória única, o que o define como indivíduo. Estas ondas são manipuladas pela mente e por emoções, disparadas por desejos verbalizados ou por sentimentos.

Os nossos guias espirituais de Direita possuem faixas de atuação, que correspondem a uma onda magnética, e podem ser acessados por nós médiuns, o mesmo ocorre com os guias de Esquerda. Forças de Direita e Esquerda estão dentro da linha horizontal da Cruz da Criação, com ondas definidas que proporcionam a evolução humana no campo neutro através dos trabalhos dos guias para conosco. O trabalho dos guias são os ensinamentos, vivências e aprimoramento contínuo do indivíduo, promovendo ondas de forças. Forças estas comandadas pelo Poder Criador através da Cruz vinda verticalmente do Alto para o Embaixo, definindo os planos do Alto e Embaixo.

Quando citamos sobre os zombeteiros, quiumbas, obsessores, espíritos sem luz (eguns), estes se diferenciam entre si também por onda densa específica. Zombeteiros são seres com a mente degenerada, se alimentam do ódio e da ganância destrutiva dos encarnados e são utilizados em trabalhos abertos por encarnados para destruição, porém são qualificados como loucos no astral.

Os quiumbas já estão em uma qualificação espiritual mais inteligente, mas com grande poder destrutivo, muitos se passam até por Exu para os desavisados e para aqueles que vibram no mesmo padrão, agem para distorcer a mente dos que estão na frente dele. São manipulados pelo ego de médiuns, uma vez que muitos médiuns perdem o acesso de Exu e passam a servir à quiumba por conta da vaidade.

Obsessores é uma casta de espíritos que sabe de sua condição e por sua linha de afinidade vampiriza os encarnados, assim eles conseguem se manter entre nós, se alimentam de nossas forças, ou energia vital. Existem os obsessores naturais, estão ligados em nosso Embaixo pessoal, não vejo como agentes "ruins", pois a atuação deles proporciona nossa volta ao raciocínio religioso. Lógico que este processo é doloroso e traz sofrimento. Ao olharmos pelo lado da atuação destes obsessores, observamos que prestam um serviço.

Espíritos sem luz ou eguns, são espíritos recém-desencarnados que vagam no meio humano se alimentando de nossas forças, vampirizando e deixando as pessoas doentes, ação comum entre estes seres. Estes são os agentes de grande destruição, cada um com sua onda densa definindo sua atuação, e nós estamos o tempo todo acessando-os por linha de afinidade, ou por recebermos ataques.

As nossas forças, sejam os Orixás, nossos guias, principalmente nossa Esquerda, são agentes de defesa de nossa espiritualidade e daqueles que recorrem aos nossos terreiros. Creio que esta informação serve para termos atenção em relação ao que vibramos, mesmo que a vida esteja difícil; mesmo que em algum momento você se sinta nervoso ou triste, não deixe que estas forças tomem conta de seu lado racional, positive-se e clame por suas forças!

A manipulação dos magnetismos humanos

O ser humano possui em si todas as condições para adentrar as esferas espirituais, todos os encarnados possuem mediunidade independentemente de entendimento ou religião. Seguindo as explicações da Cruz vibramos o Alto e o Embaixo, vivenciamos a Direita e Esquerda para escolhermos os caminhos de nossa evolução. Assim como o ser humano possui seu anjo da guarda que está ligado no Alto, também possui um obsessor natural que vibra em seu Embaixo. Quando estamos em vibrações elevadas, logo nos ligamos às forças espirituais elevadas; e quando envolvidos em emoções e pensamentos ruins estabelecemos ligação com o nosso inferno pessoal.

Quando negativamos nossas emoções e pensamentos o primeiro contato que ocorre é com este obsessor natural, que por sua vez alimenta nossos pensamentos desvirtuados. Este processo é ruim, faz com que o ser humano sofra, e se não buscar pensamentos virtuosos, ou mesmo se não tiver o contato religioso, este processo piora atraindo outros seres vampirizadores. Trazendo para o nosso universo, um médium com pensamentos desvirtuados atrairá apenas forças degeneradas, além de seu obsessor natural, ele por ser médium de Umbanda pode atrair o negativo de um trabalho.

Ser médium, como já havia citado, é para poucos, preparos espirituais e consciência se aprendem dentro de um trabalho religioso, com os guias e com o dirigente espiritual. Todos nós somos responsáveis pelo que atraímos; o pensamento vitimizado como é comum, colocando tudo que ocorre de negativo na conta de seres negativados precisa ser revisto. O que existe são linhas de afinidade; as ocorrências espirituais para um médium de Umbanda seguem alguns padrões. Estes padrões são linhas de afinidade, resgate e falta de preparo.

Sobre a linha de afinidade é o que mais ocorre, o médium tem deveres e obrigações, um deles é manter seu campo vibratório sempre positivado; mesmo quando exista algo que possa descontrolá-lo ele tem de ser responsável. Não temos de entender que somos santos, porém, o pensamento mesmo que se estiver irritado ou triste não pode ter o vacilo ou o desvirtuamento atingindo um alvo com desejos ruins. O médium religioso não possui inimigo, possui contrários que muitas vezes aparecem para ensinar algo. Sobre resgate entendemos que encarnamos e muitas coisas ruins que podem ocorrer estão ligadas a vidas passadas, ou mesmo em algo que promovemos nesta encarnação.

Tudo que se deseja a alguém é pedra lançada, uma hora vai ter de recolher, seja para carregar ou para construir castelos. Quando falamos em falta de preparo, digo assim, um médium de Umbanda veio para ser aparelho de seres espirituais que adentram esferas das mais diversas. Estas esferas possuem choques, estes por sua vez favorecem o médium preparado, pois ele acaba absorvendo as forças positivas de tudo que os guias trabalham, ou seja, um aprendizado para o espírito que se leva para sempre. Por outro lado, o médium que não tem seus fundamentos assentados sobre os impactos, o que deveria ser positivo acaba por atrair doenças e negativismos.

Irmãos, entendemos que todos nós passamos por enfermidades e dificuldades, não podemos relacionar o que vamos passar com situações espirituais. Porém, existem coisas que são absorvidas por via de nosso negativismo, nosso pensamento pessimista ou falta de fé. A convicção do que se é, a postura positiva exemplar supera toda e qualquer ação desvirtuada, ou mesmo de ataque; existem pessoas tão boas que estes são protegidos apenas pelo que são. Mas, a maioria de nós, principalmente aqueles que atuam com seus guias na tarefa de desmanchar ataques espirituais, atuam com trabalhos de cura, ou mesmo médiuns que dão apenas passes, precisamos ter a Direita e a Esquerda assentados.

Quero ressaltar mais uma vez acerca da Criação – Deus jamais criaria algo que fosse contra Ele mesmo, e entendemos que Tudo foi criado por sua Onipotência, Onipresença, Onisciência! Os Maiorais do Embaixo são sustentadores do Poder Criador e executam a tarefa de absorver o que é negativo, proporcionando a organização hierárquica e comandando os executores da Lei que são nossos Exus. Quando citamos que Exu é caminho, é porque ele age sempre de forma racional, entendendo os positivismos que existe no homem, deixando as forças de vitalidade e desejo fluírem no campo espiritual.

Como um ser humano pode usar seres que estão no plano distorcido? Citado anteriormente, o ser humano tem seu livre-arbítrio e que os seres que habitam as faixas magnéticas e vibratórias na espiritualidade só atuam sobre os encarnados através deles mesmos. Principalmente, nos planos mais densos onde os magnetismos são pesados, os seres não se sustentam em padrões neutros sem que haja um encarnado para ancorar sua vibração.

Os seres de esferas superiores possuem magnetismos leves e assim conseguem transitar facilmente estre os encarnados. Quando falamos dos seres densos e a necessidade de ancorarem suas vibrações degeneradas entende-se assim: pode ser por vibração negativada do encarnado, ódio, magoa, ganância, ciúmes, são forças que degradam as vibrações dos encarnados possibilitando a ancoragem destes seres. A ancoragem negativada pode também ser feita por processo de trabalho ou assentamento degenerado com intuito destrutivo. Desta forma, estes seres podem, sim, serem ativados contra outras pessoas, portanto no mundo em que vivemos o trânsito de forças densas é mais comum do que possamos imaginar.

A Umbanda e o umbandista são preparados para lidar com isso facilmente, pois tais projeções estão dentro do campo de ação do médium, ele por sua vez, através de suas forças assentadas dentro do Poder Criador, tem totais condições.

Uma linha muito tênue está nos entendimentos destes mecanismos, por isto que as interpretações devem ser colocadas de maneira correta para que os médiuns entendam sua responsabilidade e a força da qual eles são representantes. Pomba Gira, Exu, Exu Mirim e Quimbandeiros são agentes da Lei de Deus sobre o comando dos Maiorais, organizadores do caos do Embaixo, mal interpretado e utilizado pela maioria das religiões para angariar discípulos.

Nós, religiosos de Umbanda, por outro lado possuímos deveres, entre eles o de trabalhar nossa Esquerda positivamente para que o Embaixo seja parte de nossas vibrações para nossa proteção! O que quero dizer? O médium que trabalha sua espiritualidade sem denegri-la ou deturpá-la terá a proteção dos Maiorais, pois tudo que é projetado contra nós está nos campos do Embaixo, e, sendo ele nossa própria vibração só trará fortalecimento. Lembrando que tudo são ondas de força, vibrações e magnetismos; a ciência espiritual é para ser entendida e ser aplicada com inteligência.

Aquele médium que por falta de informação, ou de caráter usa suas forças de maneira danosa, passará a ser devedor e pagará para o Embaixo, pois este já é escravo e sucumbirá nesta ou após sua passagem, como escravo de sua própria ignorância. Vejo muitos usando seus guias para manipular as pessoas, estes são iguais aos neopentecostais que usam nossos ícones, nossa crença, nossos Exus e os seres do Embaixo para atraírem clientes (fiéis).

A capacidade está para todos, estas informações creio que trarão a você, irmão, uma maneira diferente de interpretar sua própria existência.

Nós, religiosos de Umbanda, respeitamos todos os seguimentos religiosos, pois entendemos que tudo que existe é necessário para acolher seus afins, até o que para alguns é ruim tem alguma razão de existir. Mas tenho de ressaltar o que somos, pois a religião de Umbanda é uma síntese da espiritualidade e não precisamos recorrer a nenhum outro trabalho ou religião para fundamentar nossas forças.

Infelizmente, muitos religiosos de Umbanda buscam em outras religiões iniciações, acabam assim por fragilizar sua espiritualidade. Não existe na Umbanda algo que o médium não possa saber, porém tem de se entender que mesmo que exista nesta obra informações esclarecedoras, o médium precisa respeitar o tempo certo com toda a vivência de terreiro, ver na hierarquia o exemplo necessário para sua jornada. Os nossos Orixás, bem como todas as forças da Criação, juntamente de nossos Exus, trarão ao médium as forças que ele conquistou. Nada na espiritualidade é dado, devemos entender isto dentro das Leis de ação e reação, em que o respeito nos dota de condições de acessarmos os Poderes do Criador.

O lado psicológico de todas as informações adquiridas ao longo do tempo, às vezes, precisará de atenção; muitos profanos não entendem a Umbanda; entender então as colocações que aqui se encontram creio que se deve estudar e vivenciar através de sua Esquerda.

Vivemos em um mundo hipócrita, mergulhado no caos e nos desencontros espirituais, portanto o irmão que é médium ou tem o grau de dirigente espiritual tem o dever de ensinar às pessoas que adentrarem suas casas. Sem sensacionalismos ou se mostrando o detentor do poder, pois este Poder não nos pertence, apenas nos é emprestado para utilizarmos em nosso processo evolutivo. E também quebrar paradigmas vindos de outras religiões, cuja escrita manipuladora impediu o crescimento das verdadeiras interpretações que aqui são reveladas.

Sei que muitos vão questionar sobre o Livro *Preto de Cipriano* e os equívocos lá mencionados, mesmo a *Bí*blia, ou sobre os autores da Umbanda que classificam Exus como caídos ou seres degenerados. Vivemos por centenas de anos massacrados por fascistas manipuladores que através da tortura debilitaram mentes que psicologicamente passaram a entender um Deus o qual tem raiva, castiga e luta contra as trevas. Aqui revelamos os planos do Criador, cujo único mal está no encarnado, e tudo que existe é proveniente da Criação, que nos foi concedido para dar condições para interpretações sobre a existência de uma maneira correta.

Distribuição exclusiva

AQUAROLIBOOKS®

www.aquarolibooks.com.br